Aprende y demuestra

GRADO 4

Printed in the U.S.A.

ISBN 9781328522627

10 0982 27 26 25 24 23

4500868208 A B C D E F G

Grado 4

Tabla de contenido

MÓDULO **7**

MÓDULO **8**

MÓDULO **9**

MÓDULO **10**

MÓDULO **11**

MÓDULO **12**

Nombre ______________________________

Acento ortográfico: Palabras agudas

Lee cada oración. Subraya las dos palabras agudas. Una lleva acento ortográfico y la otra no. En el espacio en blanco, escribe la palabra que debe llevar acento ortográfico y añade el acento. Las palabras de una sola sílaba no se clasifican en agudas, graves ni esdrújulas.

1. Laura dice que el siguiente año va a estudiar aleman. ____________

2. Para un panda, el bambu debe saber delicioso. ____________

3. Juan nunca vio hacia atras y, por eso, fue el primero en cruzar la meta. ____________

4. El profesor nos ha ordenado que nadie deje basura en el jardin. ____________

5. A Graciela le gusta el vestido azul y a Diana tambien. ____________

6. Las reservaciones del vuelo a Paris son para el mes de abril. ____________

7. El instructor nos pidio que guardemos silencio. ____________

8. Nos hemos propuesto evitar la acumulacion de basura en los pasillos. ____________

9. El director nos felicito por el excelente desempeño de nuestra clase en ciencias. ____________

Nombre ______________________________

Vocabulario crítico

Usa tu comprensión de las palabras del Vocabulario crítico para apoyar tus respuestas a las siguientes preguntas.

1. ¿Cómo te sentirías si alguien te tratara con **desprecio**?

2. ¿Qué podría sucederle a alguien sin **darse cuenta** si escucha comentarios **mundanos**?

3. ¿Cuáles son algunos alimentos que la gente de la prehistoria no **consumía**?

4. Juan **presionó** demasiado fuerte la punta del lápiz sobre la hoja de papel. ¿Qué **observó** que sucedió después?

5. Comenta sobre alguna vez en que viste a alguien **desobedeciendo** instrucciones.

6. ¿Cuándo **aparece** tu mejor amigo en tu casa?

Nombre ______________________________

7. ¿Qué sentimientos **profundos** le podrías comunicar a alguien importante para ti?

____

____

8. Si estuvieras planeando una fiesta al aire libre, ¿qué podría desear una persona **cínica**?

____

____

Elige dos palabras del Vocabulario crítico y escribe una oración con cada una.

____

____

____

____

____

Nombre ______________________________

Propósito del autor

Conocer el propósito del autor puede ayudarte a entender mejor el mensaje del autor y la idea principal.

Contesta las preguntas sobre la página 23 de *Flora y Ulises: Las aventuras iluminadas.*

1. ¿Cuál crees que es el propósito de la autora al escribir *Flora y Ulises: Las aventuras iluminadas?*

____

____

2. ¿Qué partes del texto apoyan tu respuesta?

____

____

Contesta las preguntas sobre la página 40 de *Flora y Ulises: Las aventuras iluminadas.*

3. ¿Qué mensaje quiere transmitir la autora?

____

____

____

4. ¿Cómo te ayudan los personajes y los acontecimientos del cuento a entender el mensaje?

____

____

____

Nombre ________________________________

Acento ortográfico: Palabras agudas

Escribe las palabras agudas en la columna de la tabla que corresponda. Añade el acento ortográfico a las palabras que lo necesiten.

anual	decidi	necesidad	jardin
melon	comentar	ilusion	vendra
papel	feroz	iglu	amor
motor	frances	detras	reloj

Lleva acento ortográfico.	No lleva acento ortográfico.

Elige dos palabras agudas de cada columna. Divide las palabras en sílabas y escribe entre paréntesis el número de sílabas que tienen.

1. ______________________________

2. ______________________________

3. ______________________________

4. ______________________________

Nombre ______________________________

Prefijos des-, in-, im-, re-

Completa la tabla con palabras que contengan los prefijos *des-*, *in-*, *im-* y *re-*.

des-	*in-*	*im-*	*re-*

Escribe una oración con cada palabra de la tabla.

____

____

____

____

____

____

____

____

Nombre ____________________

Características del texto y elementos gráficos

Las características del texto y los elementos gráficos, como el estilo y el tamaño de la letra, ayudan a narrar un cuento o a aclarar la información. Algunos textos incluyen una tipografía especial que es diferente de las demás palabras de la página. Esa clase de tipografía dirige la atención a una idea, un acontecimiento o una situación particular.

Lee las páginas 22 y 23 de *Flora y Ulises: Las aventuras iluminadas* para contestar las siguientes preguntas.

1. ¿Qué puedes saber por medio de las palabras e imágenes de las páginas 22 y 23?

____

____

____

2. ¿Por qué la autora usó el formato de una novela gráfica para empezar el cuento?

____

____

____

Vuelve a leer la página 30 para contestar las siguientes preguntas.

3. ¿Qué palabras de la página 30 aparecen con una tipografía especial?

____

____

____

4. ¿Por qué la autora usa una tipografía especial en estas palabras?

____

____

Nombre ______________________________

Lenguaje figurado

Los autores usan el lenguaje figurado para crear un efecto o sentimiento especial, o también para argumentar algo. El lenguaje figurado incluye *recursos literarios* que comparan, exageran o significan algo distinto de lo que se espera.

▸ Lee las dos últimas oraciones de la página 26 de *Flora y Ulises: Las aventuras iluminadas*.

1. ¿De qué manera las palabras *Plaff* y *Pfff* enriquecen el cuento?

____

____

____

____

▸ Vuelve a leer el párrafo 40 de la página 28.

2. ¿Qué parte del párrafo 40 muestra exageración por medio del uso de una hipérbole?

____

____

____

____

3. ¿Cómo ayuda la exageración a describir la personalidad de la ardilla?

____

____

____

Nombre ____

Acento ortográfico: Palabras graves

Lee cada palabra grave del recuadro. Debajo, escribe la palabra subrayando la sílaba que se pronuncia con mayor fuerza y añadiendo el acento ortográfico cuando sea necesario.

imagen	marmol	sutiles
viajero	cantante	geiser
azucar	fertil	lapiz

Elige cuatro palabras graves del recuadro: dos que lleven acento ortográfico y dos que no. Escribe una oración con cada una.

1. ____

2. ____

3. ____

4. ____

Nombre ______________________________

Vocabulario crítico

Al hablar y escribir, puedes usar las palabras que aprendiste en la lectura.

Usa tu comprensión de las palabras del Vocabulario crítico para crear redes de palabras. En el óvalo central, ya está escrita una palabra del Vocabulario crítico. En los óvalos a su alrededor, escribe palabras y frases que estén relacionadas con esa palabra. Comenta tus redes de palabras con un compañero.

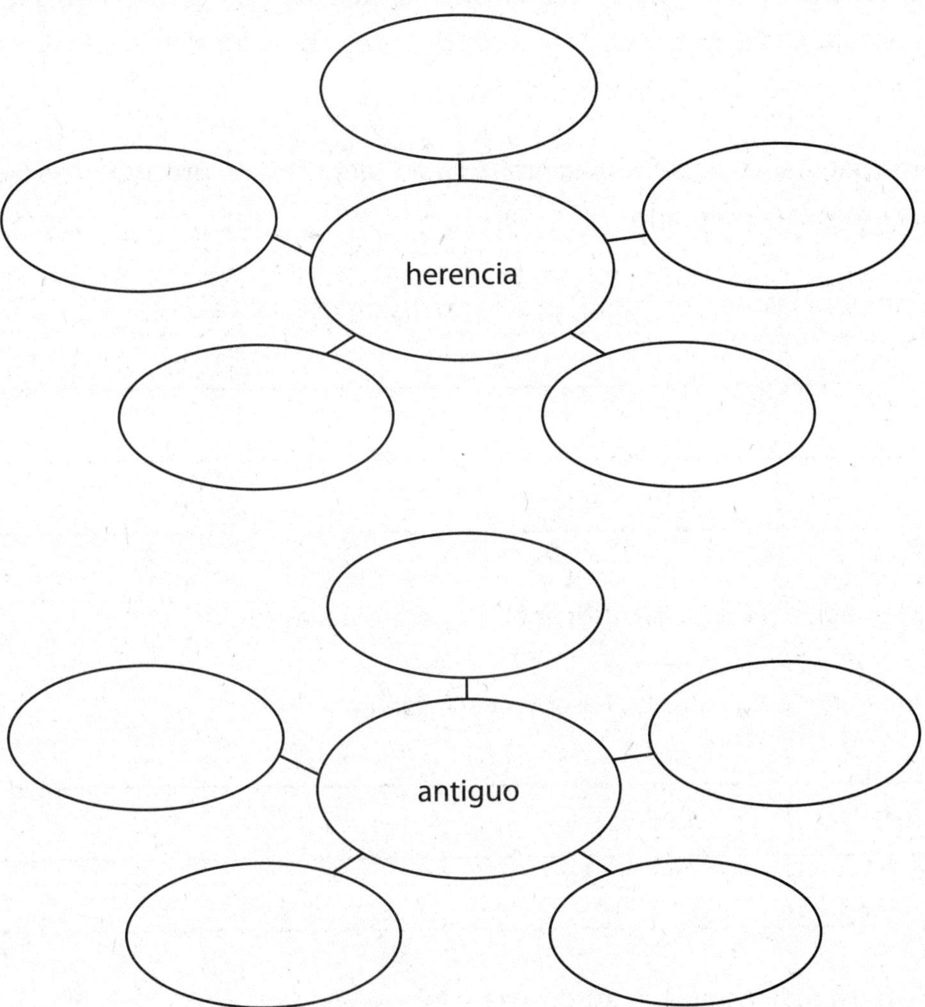

Escribe oraciones con las palabras del Vocabulario crítico.

____

____

Nombre ______________________________

Propósito del autor

El **propósito del autor** es la razón por la cual él o ella escribe un texto. Un texto puede tener uno o más de estos propósitos:

- informar
- expresar sentimientos
- entretener
- persuadir.

Además de un propósito, un autor también tiene un mensaje para los lectores. Los autores transmiten su **mensaje**, o idea principal, por medio de las palabras, los detalles, los personajes y los ambientes que eligen para su texto.

Vuelve a leer la página 47 de *¡Sí! Somos latinos* para identificar el propósito de las autoras y luego contesta la pregunta.

1. ¿Cómo se siente José Miguel con respecto a Roger? ¿Cómo lo sabes?

____

____

____

Vuelve a leer la página 54 para identificar el propósito del autor.

2. ¿Cuál es el propósito de las autoras al escribir este poema?

____

____

____

3. ¿Qué mensaje quieren transmitir las autoras a los lectores?

____

____

Nombre ______________________________

Acento ortográfico: Palabras graves

Elige una palabra del recuadro para completar cada oración. Debajo de la oración, divide la palabra en sílabas y escribe entre paréntesis el número de sílabas que tiene.

portátil	geografía	tío	fácil
sandía	árbol	útil	taquería
cráter	inverosímil	día	inmóvil

1. Falta solo un ______________ para el estreno de nuestra obra de teatro.

   ____

2. Los bomberos tuvieron que venir para bajar el gato del______________.

   ____

3. Después del cine, fuimos a cenar a la ______________.

   ____

4. Si estudio a diario, el examen será más ______________ de resolver.

   ____

5. Los alpinistas llegaron hasta el ______________ del volcán.

   ____

6. La fruta que más me gusta es la ______________.

   ____

Nombre ______________________________

Vocabulario crítico

Al hablar y escribir, puedes usar las palabras que aprendiste en la lectura.

Usa tu comprensión de las palabras del Vocabulario crítico para apoyar tus respuestas a las siguientes preguntas.

1. Si alguien dice que un bebé elefante está **valiéndose** de su madre, ¿qué quiere decir?

____

____

2. ¿Por qué las personas no cumplen sus **resoluciones** de Año Nuevo?

____

3. ¿Por qué podría ser **incómodo** olvidar el nombre de un compañero de clase?

____

4. ¿Qué podría hacer que una persona se sienta **torpe**?

____

5. ¿Qué **dudas** podría tener alguien en el primer día de clases?

____

____

Elige dos palabras del Vocabulario crítico y escribe una oración con cada una.

____

____

Nombre ____________________________

Punto de vista

Es importante saber de quién es el **punto de vista** desde el que se narran los acontecimientos. Esto se debe a que distintas personas pueden narrar el mismo cuento de distintas maneras.

Los cuentos suelen narrarse desde el punto de vista de la primera persona o de la tercera persona.

Punto de vista de la primera persona El narrador…	**Punto de vista de la tercera persona El narrador…**
es un personaje del cuento.	es alguien ajeno al cuento.
dice sus propios pensamientos y sentimientos.	dice los pensamientos y sentimientos de otros.
usa pronombres como *yo, mí, mi, mío* y *nosotros.*	usa pronombres como *él, ella, le, su* y *sus.*

Vuelve a leer la página 60 de *El año de la rata* para contestar las preguntas.

1. ¿Quién es el narrador de esta parte del cuento? ¿Desde el punto de vista de quién se narra esta parte del cuento? Apoya tu respuesta con ejemplos.

____

____

Vuelve a leer la página 63 y piensa en cómo cambia el punto de vista.

2. ¿Quién es el narrador en esta parte del cuento? ¿Desde el punto de vista de quién se narra esta parte del cuento? ¿Por qué crees que la autora narra el cuento desde este punto de vista ahora?

____

____

Vuelve a leer la página 65 para practicar cómo determinar el punto de vista en un texto.

3. ¿Cuál es el punto de vista en "Conocer a los peces"? ¿Cómo lo sabes?

____

____

Nombre ____

Prefijos *mal-*, *pre-*, *dis-*

Completa la tabla con palabras que contengan los prefijos *mal-*, *pre-* y *dis-*.

mal-	*pre-*	*dis-*

Escribe una oración con cada palabra de la tabla.

____

____

____

____

____

____

____

____

Nombre ______________________________

Personajes

Los **personajes** son las personas o los animales de un cuento. Cuando los personajes se enfrentan a un **conflicto**, los lectores ven cómo un acontecimiento lleva a otro y también cómo los personajes hallan una **solución**.

▸ Vuelve a leer la página 64 de *El año de la rata* e identifica el conflicto de Pacy.

1. ¿Cuál es el conflicto de Pacy en este punto del cuento? ¿Cómo intenta ayudarla Papá?

____

____

____

▸ Vuelve a leer la página 68 para contestar las siguientes preguntas sobre el personaje de Pacy.

2. ¿Qué razones da Pacy para querer trabajar sola? ¿Qué expresan sobre ella sus razones?

____

____

3. ¿Qué aprendes sobre Pacy cuando dice que será autora e ilustradora "pase lo que pase"?

____

____

▸ Vuelve a leer la página 71 para buscar detalles sobre cómo cambia el personaje de Pacy.

4. ¿Cómo los pensamientos de Pacy sobre Becky y Charlotte muestran que ha cambiado?

____

____

____

Nombre ______________________________

Combinaciones con *r*

Clasifica las palabras con combinaciones con *r*. ¿Cuáles tienen dos sílabas y cuáles tienen tres o más sílabas?

Combinaciones con *r*

1. presentación
2. agricultura
3. triángulo
4. trueno
5. prisa
6. abrumador
7. vendrá
8. cristal
9. trofeo
10. crisantemo
11. agrio
12. brisa

Dos sílabas	Tres o más sílabas

Completa cada oración con una palabra correcta de la tabla.

1. La __________ del mar era tibia y suave.
2. Para la ________________ de ciencias, hicimos una caja oscura.
3. Después del rayo, un __________ sonó con fuerza en toda la casa.
4. La ______________ se vio muy afectada por la sequía.
5. La próxima semana __________ a visitarnos mi tío de San Antonio.
6. Mi papá se ha pasado todo el día cambiando el __________ de la ventana.
7. Debo medir el área de un __________ para mi tarea de matemáticas.
8. Nos dieron un diploma y un __________ en la Feria de Ciencias.

Nombre ______________________________

Vocabulario crítico

Al hablar y escribir, puedes usar las palabras que aprendiste en la lectura.

Usa tu comprensión de las palabras del Vocabulario crítico para apoyar tus respuestas a las siguientes preguntas. Luego usa las palabras del Vocabulario crítico al comentar tus respuestas con un compañero.

1. ¿Cuándo has actuado con **precaución**?

____

____

2. ¿Cómo te sentirías si al beber de tu botella solo saliera un **hilo de agua**?

____

____

3. ¿Cuándo te **maravilló** algo **magnífico** de la naturaleza?

____

____

4. Menciona algo que se **proclamó** como una hazaña **majestuosa**.

____

____

5. ¿Qué lugar **distante** te gustaría conocer?

____

____

6. ¿Qué debería incluir una residencia **suntuosa**?

____

____

Nombre ______________________________

7. ¿Qué debería incluir una **provisión** de alimentos en caso de un huracán?

____

____

Escribe dos oraciones con dos palabras del Vocabulario crítico.

____

____

____

____

____

Nombre ____

Elementos literarios

Todos los cuentos tienen cierta estructura. Los elementos literarios, como los personajes, la trama y el ambiente, forman dicha estructura. Sin embargo, los elementos de la estructura cambian de un cuento a otro. Por ejemplo, la cultura en que se ubica un cuento puede influir en su trama. También, las interacciones entre los personajes y los cambios que sufren influyen en el desarrollo del cuento.

Vuelve a leer la página 80 y contesta las preguntas sobre la estructura del cuento.

1. ¿Cómo diseñó el autor la estructura del cuento?

____

____

Vuelve a leer la página 84 y contesta la pregunta sobre los detalles del cuento.

2. ¿Qué detalles ayudan a describir el ambiente cultural de este cuento popular?

____

____

Vuelve a leer la página 87 y contesta la pregunta sobre el personaje de Kitoto.

3. ¿Cómo cambia de nuevo el personaje de Kitoto al enfrentarse con el "gigante"? ¿Cuál es la razón de este cambio?

____

____

Vuelve a leer la página 88 y contesta la pregunta sobre la estructura del cuento.

4. ¿Cómo describirías la estructura de este cuento popular?

____

____

Nombre ______________________________

Sufijos *-oso, -osa, -mente*

Completa la tabla con palabras que contengan los sufijos *-oso, -osa* y *-mente.*

-oso	*-osa*	*-mente*

Escribe una oración con cada palabra de la tabla.

____

____

____

____

____

____

____

____

Nombre ______________________________

Tema

Muchos cuentos tienen un tema que transmite el mensaje del autor . El tema puede ser el mensaje principal, la moraleja o la lección que el cuento enseña.

Vuelve a leer la página 86 y contesta la pregunta sobre el tema de *Kitoto el Magnífico.*

1. ¿Por qué Kitoto está tan seguro de que el ser más poderoso debe de ser un gigante?

____

____

Vuelve a leer la página 90 y contesta las preguntas sobre el mensaje del autor.

2. ¿Cuál es el mensaje del autor o la lección que puede aprenderse de este cuento popular?

____

____

3. ¿Qué otros temas ves en este cuento popular?

____

____

Nombre ____

Combinaciones con r

Elige una palabra del recuadro para completar cada oración. Debajo de la oración, divide en sílabas esa palabra y escribe entre paréntesis el número de sílabas que tiene.

trofeo	grosero	pronosticó	instructor	estrategia
entró	interpretó	exprimir	escribió	traduce

1. La mejor ________________ para ganar es conocer al adversario.

   ____

2. El servicio meteorológico ________________ fuertes tormentas.

   ____

3. Laura ________________ poemas del inglés al español.

   ____

4. Juan ________________ corriendo por la puerta.

   ____

5. El ________________ nos dio indicaciones antes del partido.

   ____

6. El mayor ________________ del concurso fue el aplauso del público.

   ____

Nombre ______________________________

Técnica del autor

La técnica del autor es la manera en que un autor usa el lenguaje para transmitir sus ideas y hacer interesante un texto.

Vuelve a leer la página 78 de *Kitoto el Magnífico* y contesta las preguntas sobre la técnica del autor.

1. ¿Cómo usa el autor el lenguaje figurado en la página 78?

____

____

2. ¿Qué comparación se hace aquí? ¿Por qué?

____

____

____

Vuelve a leer la página 83 y contesta la pregunta sobre cómo el autor usa las imágenes.

3. ¿Cómo usa el autor las imágenes en este cuento popular? Cita un ejemplo del texto.

____

____

____

____

____

Nombre ____

Combinaciones con *l*

En las combinaciones ***bl, cl, fl, gl*** y ***pl,*** las dos consonantes siempre quedan en la misma sílaba.

Lee las palabras de la tabla y divídelas en sílabas.

posible	refleja	biblioteca	cumplen
doble	probable	globo	blusa
hablar	club	pluma	flor

Completa las siguientes oraciones con palabras de la tabla.

1. En el salón de clases hay un __________________ terráqueo.
2. El espejo __________________ la imagen de mi cara.
3. Si no __________________ con sus deberes, no hay chocolates.
4. Hay muchos libros en la __________________.
5. Muchos atletas acudían a ese __________________ deportivo.
6. Es tan liviana como una __________________.
7. Me compré una __________________ que combinara con estos pantalones.
8. El perfume de la __________________ del naranjo es embriagador.
9. No es __________________ hacer diez cosas a la vez.
10. Hay mucha nubosidad y es __________________ que llueva.

Nombre ______________________________

Vocabulario crítico

Al hablar y escribir, puedes usar las palabras que aprendiste en la lectura.

Usa detalles de *La ciencia detrás de la vista* para apoyar tus respuestas a las siguientes preguntas. Luego usa las palabras del Vocabulario crítico al comentar tus respuestas con un compañero.

1. ¿Qué sucede si los objetos sólidos no **reflejan** la luz?

____

2. ¿Cuál es **transparente**, una pared de ladrillo o una ventana? Explica tu respuesta.

____

3. ¿Por qué es más fácil **determinar** la distancia entre dos objetos con dos ojos en frente de la cabeza?

____

____

4. ¿Qué usarías para **iluminar** un área grande?

____

5. ¿Necesitarías objetos **luminosos** para leer un libro si estás en una habitación llena de claridad? Explica tu respuesta.

____

____

Elige dos palabras del Vocabulario crítico y escribe una oración con cada una.

____

____

Nombre ______________________________

Características del texto y elementos gráficos

Los textos informativos suelen incluir algunas **características del texto** como encabezados y palabras en letra negrita. A menudo también incluyen **elementos gráficos**, como fotografías, diagramas e ilustraciones.

Contesta las preguntas sobre la página 115 de *La ciencia detrás de la vista*.

1. ¿Qué relación hay entre el diagrama y el texto de la leyenda?

____

____

2. ¿Cómo te ayuda el diagrama a comprender mejor las ideas del párrafo 16?

____

____

Elige otro diagrama de *La ciencia detrás de la vista*.

3. ¿Qué explica el diagrama?

____

____

4. ¿Cómo te ayuda el diagrama a comprender mejor el texto?

____

____

Nombre ______________________________

Combinaciones con *l*

En las combinaciones ***bl, cl, fl, gl*** y ***pl,*** las dos consonantes siempre quedan en la misma sílaba.

Lee las palabras de la tabla y divídelas en sílabas.

bucle	doble	problemas	noble
roble	plástico	sable	siglo
tabla	probable	posible	hablar

Haz corresponder cada pista con una palabra de la tabla. Escribe la palabra en el espacio en blanco.

1. rizo de pelo en espiral: ____________________
2. dificultades o conflictos: ____________________
3. conversar o saber idiomas: ____________________
4. periodo de cien años: ____________________
5. dos veces algo; el duplo: ____________________
6. material sintético: ____________________
7. madera plana; relación de datos: ____________________
8. aristócrata; humano y generoso: ____________________
9. árbol con madera fuerte: ____________________
10. arma larga y curva: ____________________.

Nombre ______________________________

Raíz del latín *lumen*

Las palabras *luminoso* e *ilumina* contienen una raíz del latín. El significado de la raíz ***lumen*** es "luz".

Completa la tabla con otras palabras que contengan la raíz *lumen*.

lumen
____
____
____
____

Escribe una oración con cada palabra de la tabla.

Nombre ______________________________

Estructura del texto

Los autores usan diferentes **estructuras del texto**, o maneras de organizar la información de un texto. Conocer la estructura de un texto puede ayudarte a comprender las ideas importantes.

La siguiente tabla muestra el propósito de las estructuras del texto más comunes, así como las palabras o frases transicionales que te sirven para identificarlas.

Estructura del texto	Propósito	Palabras o frases transicionales
comparar y contrastar	describir en qué se parecen y se diferencian las cosas	*pero, ambos, sin embargo, en cambio*
causa y efecto	explicar lo que sucedió y por qué sucedió	*porque, para, como resultado*
secuencia	relatar los acontecimientos en orden	*antes, primero, después, luego, por último*
problema y solución	mostrar problemas y soluciones	*problema, solución*

Contesta las preguntas sobre las páginas 116 y 117 de *La ciencia detrás de la vista.*

1. ¿Cuál es la estructura de esta parte del texto? ¿Cómo lo sabes?

____

____

2. ¿De qué manera conocer la estructura del texto te ayuda a comprender las ideas principales de estas páginas?

____

____

Vuelve a leer la página 122 de *La ciencia detrás de la vista.*

3. ¿Cuál es la estructura del texto?

____

4. ¿De qué manera esta estructura del texto te ayuda a hacer una cámara oscura?

____

Nombre ______________________________

Palabras del área temática

Las **palabras del área temática** son palabras sobre un tema específico. Los lectores pueden descifrar el significado de esas palabras buscando claves del contexto en la oración, en el párrafo o en los elementos visuales.

▶ Contesta las preguntas sobre la página 113 de *La ciencia detrás de la vista.*

1. ¿Cuál de estas palabras es una palabra del área temática: *párpado* o *proteger*? ¿Cómo lo sabes?

____

____

2. ¿Por qué la palabra *iris* es una palabra del área temática?

____

____

3. ¿Qué claves cercanas a la palabra *iris* te ayudan a comprender su significado?

____

____

4. ¿Qué claves cercanas a la palabra *pupila* te ayudan a comprender su significado?

____

____

▶ Busca las palabras del área temática que aparecen en la página 113 y escríbelas a continuación.

Palabras del área temática:

__________ __________ __________

__________ __________ __________

Nombre ______________________________

Sílabas cerradas con m y n

Una sílaba es *cerrada* si termina en consonante. Lee las palabras de la tabla y completa cada una con *m* o *n*. Luego identifica las sílabas cerradas con *m* o *n*.

co…pañeros	ta…bié…	i…pacto	ta…ta
co…fundió	ca…po	ro…ca	ba…bú
inte…tes	alguie…	come...zó	i…portante

Completa las siguientes oraciones con palabras de la tabla.

1. Los niños corrieron hacia el ____________ de fútbol.
2. El ____________ entre los dos carros causó muchos daños.
3. Había ____________ gente en la feria que casi no se podía caminar.
4. En la cocina hay una nevera y ____________ un microondas.
5. ¿ ____________ vio lo que pasó en la esquina?
6. El cielo estaba nublado y luego ____________ a llover.
7. Cuando ____________ los tiros libres, debes concentrarte en la canasta.
8. Se ____________ con la hora y llegó tarde al concierto.
9. Papá ____________ mucho cuando duerme.
10. El oso panda solo come ____________.

Nombre ____________________

Vocabulario crítico

Al hablar y escribir, puedes usar las palabras que aprendiste en la lectura.

Usa tu comprensión del Vocabulario crítico para apoyar tus respuestas a las siguientes preguntas. Luego usa las palabras del Vocabulario crítico al comentar tus respuestas con un compañero.

1. ¿Qué cosas se **adhieren** a un imán?

____

2. ¿Qué cosas hay en el salón de clases que podrían ser **punzantes**?

____

3. Si alguien hace algo con **impunidad**, ¿qué significa?

____

____

4. ¿Qué animales **liberan** veneno o toxinas cuando atacan o cuando se defienden?

____

Elige dos palabras del Vocabulario crítico y escribe una oración con cada una.

____

____

Nombre ______________________________

Técnicas de medios

Los medios son los recursos, como radio, periódicos, televisión, revistas e Internet, que se usan para las comunicaciones. Las **técnicas de medios** son los métodos usados para comunicar la información. Esas técnicas incluyen elementos visuales y de sonido, acción en vivo, animación y escritura.

Vuelve a mirar el video *La asociación entre el pez payaso y la anémona de mar* y contesta las siguientes preguntas.

1. ¿De qué manera te ayuda el video a comprender mejor el sentido del tacto en la anémona de mar?

____

____

____

____

2. ¿De qué manera te ayuda el video a comprender mejor el sentido del tacto en el pez payaso?

____

____

____

____

____

3. ¿Por qué puede vivir el pez payaso entre los tentáculos tóxicos de la anémona de mar?

____

____

____

____

Nombre ______________________________

Sílabas cerradas con *m* y *n*

Lee cada oración y las dos palabras que siguen. Completa la oración con la palabra correcta y escríbela en el espacio en blanco.

1. Ayer llovió, pero hoy hace buen ______________.
tiempo importante

2. Esa ______________ da bastante luz para leer.
lámpara bambú

3. El bolígrafo está lleno de ______________ negra.
tanta tinta

4. Invité a mis ______________ de clase a la fiesta de cumpleaños.
compañeros intentes

5. Me gustan los caramelos y ______________ los chocolates.
alguien también

6. Todos los bailarines participaron en la ______________ .
danza himno

7. Mis hermanos ______________ limpian su habitación.
ronca nunca

8. El público aún estaba de pie cuando ______________ el partido.
comenzó confundió

Nombre ____________________

Vocabulario crítico

Al hablar o escribir, puedes usar las palabras que aprendiste en la lectura.

Usa tu comprensión del Vocabulario crítico para apoyar tus respuestas a las siguientes preguntas.

1. ¿Qué podría suceder si un reglamento no es **aceptado** por todos los miembros de un grupo?

____

2. ¿Qué **obstáculos** podría enfrentar alguien que quiere ser un atleta olímpico?

____

3. Si una persona está al **mando** de un barco, ¿qué responsabilidades tendría?

____

4. ¿Debemos **dudar** de lo que nos dicen nuestros maestros?

____

5. ¿Cuándo tuviste que **adaptarte** a una nueva situación?

____

6. ¿Por qué se siente mejor una persona después de **consolar** a otra?

____

Elige dos palabras del Vocabulario crítico y escribe una oración con cada una.

____

____

Nombre ______________________________

Lenguaje figurado

El **lenguaje figurado** se trata de palabras y frases usadas para crear un sentimiento o una imagen. Las palabras cobran significados más allá de los usuales o los que aparecen en el diccionario. La siguiente tabla muestra algunos ejemplos del lenguaje figurado.

Lenguaje figurado	Definición	Ejemplos
símil	compara dos cosas usando la palabra *como* o el verbo parecer	• ¡Canta como un pájaro! • El pelaje del gato se parece a la seda.
metáfora	compara dos cosas o ideas sin usar la palabra *como*	• Su sonrisa llenó el cuarto de sol. • Su cara era una esfinge.
expresión idiomática	frase cuyo significado es diferente del significado usual o literal de las palabras que la forman	• ¡Estoy tan feliz que estoy en las nubes! • Destapó la olla y echó a perder la sorpresa.

Vuelve a leer el párrafo 11 de la página 136. Luego sigue las siguientes instrucciones.

1. Identifica un símil en el párrafo 11. Indica las dos cosas que se comparan en el símil.

____

____

Vuelve a leer las páginas 134 a 138 de *Ambición ciega*. Luego sigue las instrucciones de abajo.

2. Identifica un ejemplo de una expresión idiomática y escribe lo que significa.

____

____

____

3. ¿Qué metáforas usa el autor para describir a Twyla? ¿Cómo sirven las metáforas para mostrar lo que siente Matthew por Twyla?

____

____

____

Nombre ______________________________

Sufijos -eza, -iento

Completa la tabla con palabras que contengan el sufijo *-eza* o *-iento*.

-eza	*-iento*

Escribe una oración con cada palabra de la tabla.

Nombre ______________________________

Estructura del texto

Los autores organizan información de manera lógica para que los lectores puedan comprender las ideas clave. Quieren que los lectores consideren cómo las ideas se relacionan. La **estructura del texto** es la manera en que la información está organizada en un texto.

Los autores eligen una estructura del texto que vaya bien con su propósito. Por ejemplo, si un autor quiere relatar un cuento, organiza los acontecimientos en el orden que suceden.

Estructura del texto	Propósito
Comparar/contrastar	Explicar en qué se parecen y se diferencian cosas e ideas
Causa/efecto	Explicar lo que sucedió y por qué sucedió
Secuencia	Explicar los acontecimientos en el orden que suceden
Problema/solución	Explicar cómo los problemas se resolvieron

Vuelve a leer la página 136 de *Ambición ciega* y contesta las siguientes preguntas.

1. En la sección "Sin ayuda", Matthew describe cómo sus amigos usan zumbadores cuando juegan al *paintball* y cómo él puso rótulos en braille en los controles de sonido. ¿Cómo te ayudan estos detalles a comprender la estructura del texto de esta sección?

____

____

____

____

____

____

____

____

Nombre ______________________________

Sílabas con *y* y *ll*

La *ll* y la *y* tienen el mismo sonido /ll/. Lee las palabras de la tabla y completa cada una con *ll* o *y*.

ca…ar	a…udaban	…uvia	…ema
rodi...as	bata…a	mu…	a…unar
ma…or	a…er	apo…ado	…ovizna

Completa las siguientes oraciones con palabras de la tabla.

1. El maestro nos mandó a ________________ porque estábamos hablando en clase.
2. Caía una leve ________________ y no tuve que usar el paraguas.
3. La parte del huevo que es amarilla es la ________________.
4. No puede jugar al fútbol porque tiene las ________________ dañadas.
5. Es ________________ alto; mide más de seis pies.
6. Cuando sea ________________, quiero ser bombero.
7. Los soldados ganaron la ________________ pero perdieron la guerra.
8. Los médicos ________________ a los jugadores lesionados durante el partido.
9. La ________________ y los vientos fueron intensos durante el huracán.
10. Siempre me siento ________________ por mi familia cuando tengo algún problema.

Nombre ______________________________

Vocabulario crítico

Al hablar y escribir, puedes usar las palabras que aprendiste en la lectura.

Usa tu comprensión del Vocabulario crítico para apoyar tus respuestas a las siguientes preguntas. Luego usa las palabras del Vocabulario crítico al comentar tus respuestas con un compañero.

1. ¿Cuál es la diferencia entre una situación cómica y una **absurda**?

____

____

2. Piensa en algún momento en que un compañero de clase hizo algo **irritante** y describe la experiencia.

____

3. ¿Por qué alguien **renunciaría** a un juego antes de que termine?

____

4. ¿Qué comida **detestabas** en el pasado, pero ahora te gusta?

____

5. ¿Qué harías si crees que unos perros que avanzan hacia ti son **feroces**?

____

____

6. ¿Para qué ocasiones has preparado algo **elaborado**?

____

____

7. Si pudieras obtener algo que **ansiabas** tener, ¿qué cosa escogerías?

____

Elige dos palabras del Vocabulario crítico y escribe una oración con cada una.

____

____

Nombre ______________________________

Trama

La mayoría de los cuentos tienen las mismas partes o elementos principales. Los elementos de un cuento incluyen la **trama**, la serie de acontecimientos que lo componen. En la trama, la **tensión creciente** se desarrolla a medida que los lectores van descubriendo el conflicto del que trata el cuento. La acción llega a un **clímax** cuando la tensión en el cuento alcanza su punto más alto. En la **tensión decreciente** del cuento, los lectores van descubriendo la **solución**, o cómo se resuelve el conflicto.

En la ficción histórica, los personajes son de otro tiempo y lugar, o **ambiente**. Los personajes dan información a los lectores sobre cómo podrían haber pensado, hablado o actuado las personas de ese tiempo. Frecuentemente, los acontecimientos que suceden en el tiempo en que se ambienta el cuento, tienen gran impacto en las vidas de los personajes.

Lee la página 144 de *El juego del silencio* y contesta las siguientes preguntas.

1. ¿Qué detalles te informan sobre el ambiente del cuento? ¿Qué agrega el ambiente a la trama del cuento?

____

____

____

Lee las páginas 149 y 150 de *El juego del silencio* y contesta las siguientes preguntas.

2. ¿De qué manera se produce el clímax de la trama?

____

____

____

3. ¿Cuál fue la solución del problema de Omakayas?

____

____

Nombre ______________________________

Sufijos -oso, -osa, -mente

▶ Completa la tabla con palabras que contengan los sufijos *-oso, -osa* o *-mente.*

-oso, -osa	*-mente*

▶ Escribe una oración con cada palabra de la tabla.

Nombre ________________________________

Lenguaje figurado

El **lenguaje figurado** se trata de palabras y frases con significados más allá de los usuales. La siguiente tabla muestra algunos ejemplos del lenguaje figurado.

Lenguaje figurado	Lo que es	Ejemplo
símil	compara dos cosas usando la palabra *como* o el verbo parecer	En el aire congelado, mi aliento era como una nube blanca y algodonada.
metáfora	compara dos cosas o ideas sin usar la palabra *como*	El lago calmo y quieto era un espejo.
imágenes	usa palabras que son atractivas para los sentidos	Sonrió a medida que el rico y dulce aroma de canela y manzanas saturaba el aire.

Los autores usan el lenguaje figurado para ayudar a los lectores a imaginar o comprender ideas de una forma nueva o distinta. El lenguaje figurado también ayuda a los lectores a apreciar la voz del autor o su forma de usar el lenguaje.

Vuelve a leer el párrafo 4 de *El juego del silencio* y contesta las siguientes preguntas.

1. ¿Qué palabras y frases usa la autora que son atractivas para los sentidos?

____

____

2. ¿Qué te ayuda a comprender este lenguaje sensorial?

____

____

Vuelve a leer la página 145 y contesta las siguientes preguntas.

3. Identifica una metáfora en este párrafo y explica su significado.

____

____

Nombre ____

Sílabas con y y *ll*

Lee cada oración y las dos palabras que siguen. Completa la oración con la palabra correcta y escríbela en el espacio en blanco.

1. Necesito la ____________________ para abrir la puerta.
llave   yema

2. ________________ estuvo soleado pero hoy está nublado.
ayer   allí

3. Una isla pequeña es un ____________________.
cuello   cayo

4. Nació y pasó toda su infancia ________________ .
allí   aya

5. Hay que ______________________ las maletas a la habitación.
ensayar   llevar

6. Mañana debo ______________________ porque me van a sacar sangre.
aullar   ayunar

7. Las pirámides tienen gran importancia en la arquitectura ____________________.
maya   malla

8. Los carros deben ir por la ___________________ y los peatones por la acera.
haya   calle

Nombre ______________________________

Técnica del autor

La **técnica del autor** es el lenguaje y los recursos que usa el autor o la autora para que su escritura sea interesante y comunique ideas al lector. Hay muchas técnicas diferentes que se usan como parte de la técnica del autor. La siguiente tabla muestra las diversas técnicas usadas por los autores cuando escriben.

Técnica	Definición
Voz	el estilo del autor que hace que su escritura sea única
Estado de ánimo	los sentimientos y las emociones que el autor espera que el lector sienta mientras lee el texto
Anécdota	un relato breve, cómico o interesante relacionado con lo que está sucediendo o se comenta en este momento
Lenguaje	vocabulario, sustantivos precisos, palabras sensoriales y verbos descriptivos que le dan más interés al texto
Hipérbole	exageraciones que hacen que las cosas parezcan más grandes o mejores o que simplemente magnifican lo que realmente son

Vuelve a leer la página 152 de *El juego del silencio* y contesta las siguientes preguntas.

1. ¿Qué frases usa la autora para describir la cena en el párrafo 15?

____

____

____

2. ¿Para qué propósito sirve esa imagen?

____

____

____

____

Nombre ________________________________

Sílabas con el sonido /k/

Las sílabas *ca, que, qui, co, cu* y las sílabas con *k* representan el sonido /k/. Nota que la *u* en *que* y *qui* es muda. Lee las palabras de la tabla y encierra en un círculo todas las sílabas que contengan el sonido /k/.

canto	culebra	casa	kayak
corazón	kilogramo	equipaje	calle
escuela	parque	bosque	koala

Completa las siguientes oraciones con palabras de la tabla.

11. El ____________________ es un tipo de canoa inventada por los esquimales.
12. En la ____________________ aprendemos matemáticas.
13. El ____________________ del coro inspiró a los oyentes.
14. Fuimos al ____________________ para jugar en los columpios.
15. El ____________________ es una unidad que es igual a mil gramos.
16. La ____________________ tenía tres dormitorios y dos baños.
17. Muchos carros pasaban por la ____________________ principal.
18. El ____________________ late con un ritmo regular.
19. El ____________________ tenía muchos árboles y plantas.
20. El ____________________ es un pequeño mamífero de Australia.

Nombre ______________________________

Vocabulario crítico

Al hablar y escribir, puedes usar las palabras que aprendiste en la lectura.

Usa tu comprensión del Vocabulario crítico para apoyar tus respuestas a las siguientes preguntas.

1. Si tuvieras mucho dinero, ¿irías a una **subasta**? ¿Por qué?

____

____

____

2. Si alguien te diera un vaso **rebosante** de agua, ¿qué harías?

____

____

3. Si escribieras una canción, ¿de qué tratarían los **versos**? ¿Qué idea repetirías en el **estribillo**?

____

____

4. ¿Por qué comenzó a **dispersarse** la gente cuando terminó el concierto?

____

____

5. Si en una mañana muy soleada, colgaras ropa mojada en una tendedera, ¿por la tarde estaría **húmeda** o seca? ¿Cómo lo sabes?

____

6. Si tu clase decidiera **donar** ropa a un orfanato, ¿recibiría dinero a cambio? Explica.

____

Nombre ______________________________

Técnica del autor

Al hablar, las personas usan diferentes tipos de lenguaje. El lenguaje que usan depende de lo que están haciendo y con quien están. Los autores también usan diferentes tipos de lenguaje al escribir. La tabla de abajo explica el lenguaje formal y el informal. Los autores usan estos dos tipos de lenguaje para ayudarnos a comprender mejor los personajes de un cuento.

	Lo que es	Donde se usa	Ejemplo
Lenguaje formal	• la manera en que las personas hablan en situaciones importantes o con personas que no conocen bien • oraciones completas con gramática y vocabulario estándar	• artículos de periódicos • discursos • informes escolares	La música era alegre y rítmica.
Lenguaje informal	• la manera en que las personas hablan en situaciones relajadas con familia o amistades • fragmentos de oraciones, gramática irregular y vocabulario coloquial	• en casa con la familia • en conversaciones con amigos	¡Qué rica está esa musiquita!

Lee el párrafo 2 de *Jazz para la fiesta del alquiler*. Luego contesta las preguntas.

1. ¿Qué significa la frase "¡Dos monedas la bolsa de carbón!" ¿Usa el narrador en este párrafo mayormente lenguaje formal o informal?

____

2. ¿Por qué crees que el autor incluyó esta frase en el cuento?

____

____

Vuelve a leer la página 182 de *Jazz para la fiesta del alquiler*. Luego cita ejemplos del lenguaje formal y del informal.

3. Lenguaje formal: ______________________________

Lenguaje informal: ______________________________

Nombre ________________________________

Sílabas con el sonido /k/

▸ **Las sílabas *ca, que, qui, co, cu* y las sílabas con *k* tienen el mismo sonido /k/. Lee las palabras de la tabla y encierra en un círculo las sílabas que contengan el sonido /k/.**

cuaderno	acuarela	quebrado	barquillos
queso	culebra	equipaje	kilogramo
aquí	quedan	recobrar	kayak

▸ **Completa las siguientes oraciones con palabras de la tabla.**

1. El ____________________ aún tenía muchas páginas en blanco.

2. Los niños pidieron ____________________ con los helados de chocolate.

3. El conjunto de maletas y bolsos que llevas de viaje se llama ____________________.

4. Para ____________________ el dinero que gastó, debe trabajar más horas.

5. La bodega está cerca de ____________________, no es muy lejos.

6. La ____________________ es una técnica de pintura.

7. No sobró casi nada pero aún ____________________ unos pastelitos.

8. La ____________________ se arrastró con un movimiento serpenteante.

9. Me gustan mucho los bocados de jamón y ____________________.

10. El médico determinó que tenía un hueso ____________________ tras caer del árbol.

Nombre ______________________

Sufijos -oso, -osa, -ado, -ada

Completa la tabla con palabras que contengan los sufijos *-oso, -osa, -ado* o *-ada.*

-oso, -osa	*-ado, -ada*

Escribe un cuento con palabras que contengan los sufijos *-oso, -osa, -ado* o *-ada.*

Nombre ______________________________

Trama

La trama es uno de los elementos de un cuento. La trama es una serie de acontecimientos en un cuento. Normalmente incluye problemas que los personajes enfrentan y las acciones que toman para resolverlos. A veces el ambiente en que se desarrolla el cuento y el fondo cultural de los personajes tienen impacto en la trama.

Vuelve a leer las páginas 177 y 178 de *Jazz para la fiesta del alquiler* y contesta las preguntas.

1. ¿Cuál es el ambiente del cuento? ¿Por qué es importante el ambiente para la trama del cuento?

____

____

____

2. ¿Cómo conoce Sonny a Jack Sonrisas? ¿Por qué es esto un acontecimiento clave de la trama?

____

____

____

____

3. Indica de qué manera tuvo impacto el ambiente en la trama del cuento.

____

____

____

____

____

____

Nombre ______________________________

Tema

El tema es el mensaje, lección o moraleja principal de un cuento. El tema ayuda al lector a comprender el mensaje que el autor quiere comunicar.

> Vuelve a leer la página 179 de *Jazz para la fiesta del alquiler*. Luego contesta las preguntas.

1. Según Jack Sonrisas, ¿qué reciben los vecinos a cambio de su colaboración?

____

____

____

2. ¿Cuál es el tema de esta selección? ¿Cómo lo sabes?

____

____

____

____

____

3. ¿Qué detalles te ayudaron a identificar el tema?

____

____

____

____

4. Expresa el tema en tus propias palabras.

____

____

Nombre ______________________________

Sílabas con za, zo, zu, ce, ci

Las sílabas *za, zo, zu, ce* y *ci* representan el sonido /s/. Lee las palabras de la tabla y encierra en un círculo todas las sílabas que contengan el sonido /s/.

cruzamos	conoce	desconoció	destrozos
cimientos	avanzaba	princesa	azúcar
trozos	dulzura	calzado	ceño

Completa las siguientes oraciones con palabras de la tabla.

1. El piloto está bien informado y ______________ mucho sobre la aviación.
2. ______________ el río por el puente principal del pueblo.
3. La pizza se dividió en ocho ______________.
4. Los ______________ causados por el terremoto fueron considerables.
5. El ______________ negro forma parte del uniforme.
6. Los ______________ del edificio fueron construidos de hormigón.
7. La maestra frunció el ______________ al ver el desorden en el aula.
8. La ______________ es la heredera del trono.
9. No se enteró del problema y ______________ los enredos que resultaron.
10. Uso una cucharada de ______________ para endulzar el té.

Nombre ______________________________

Vocabulario crítico

Al hablar y escribir, puedes usar las palabras que aprendiste en la lectura.

Usa tu comprensión de las palabras del Vocabulario crítico para apoyar tus respuestas a las siguientes preguntas.

1. Imagina que un personaje de un cuento le dice a otro: "Ten cuidado, porque en la última tormenta, **perecieron** muchas personas". ¿Por qué crees que diría eso?

____

____

____

2. ¿Cuándo te pedirían que recogieras **escombros**? ¿Cómo lo harías?

____

____

____

3. Imagina que hay una película llamada "**Marejada ciclónica**". ¿De qué crees que trataría?

____

____

____

Elige dos palabras del Vocabulario crítico y escribe una oración con cada una. Incluye un sinónimo o un antónimo de cada palabra de vocabulario que uses.

____

____

Nombre ______________________________

Punto de vista

El punto de vista es la manera en que los autores relatan los acontecimientos. En los relatos de primera mano, los autores cuentan acerca de acontecimientos que han visto en persona. Los autores cuentan esos relatos usando pronombres en primera persona como *yo, mí, mi* y *nosotros*. En los relatos de segunda mano, los autores no presenciaron los acontecimientos, sino que cuentan lo que les sucedió a otras personas y lo que estas dijeron sobre el suceso. Entonces los autores usan pronombres en tercera persona como *él, ella, ellos* y *ellas*.

Vuelve a leer los párrafos 5 y 6 de *El huracán de Galveston de 1900*.

1. ¿Qué parte del texto es un relato de primera mano? ¿Cómo lo sabes?

____

____

2. ¿Qué parte del texto es un relato de segunda mano? ¿Cómo lo sabes?

____

____

Compara la información del relato de primera mano con la del relato de segunda mano.

3. ¿Qué detalles aprendiste en el relato de primera mano que no se incluyen en el relato de segunda mano?

____

____

Vuelve a leer el párrafo 14 de *El huracán de Galveston de 1900*.

4. ¿Es el párrafo 14 un relato de primera o de segunda mano? ¿Cómo lo sabes?

____

____

Nombre ________________________________

Sílabas con za, zo, zu, ce, ci

Las sílabas *za, zo, zu, ce* y *ci* representan el sonido /s/. Lee las palabras de la tabla y encierra en un círculo todas las sílabas que contengan el sonido /s/.

zapatillas	excepto	edificios	razonar
científicos	perezoso	acercaba	zurdo
empezaba	anzuelo	manzanas	escenario

Completa las siguientes oraciones con palabras de la tabla.

1. Aunque aún estaba muy lejos, el cometa se ______________ cada vez más a la Tierra.
2. Los ______________ hacían experimentos en el laboratorio.
3. Las ______________ me quedaron muy cómodas cuando las calcé.
4. Puedo ir a la práctica cualquier día ______________ el miércoles.
5. Como es muy ______________ para cocinar, cena en restaurantes todos los días.
6. Cuando pisó el ______________ del teatro por primera vez, supo que iba a ser actor.
7. En la mesa había varias frutas, entre ellas peras y ______________.
8. Debes ______________ y usar la lógica para resolver el problema.
9. La última vez que fui a pescar, perdí un ______________ tras otro.
10. Los ______________ modernos están construidos de acero y cristal.

Nombre ______________________________

Vocabulario crítico

Al hablar y escribir, puedes usar las palabras que aprendiste en la lectura.

Usa tu comprensión del Vocabulario crítico para apoyar tus respuestas a las siguientes preguntas.

1. Si alguien siente **adoración** por otra persona, ¿cómo se comportará?

____

____

2. ¿De qué manera una persona debe ser **capaz** de conducir un carro?

____

____

____

3. ¿Alguna vez has sido uno de los **espectadores** de un gran evento? ¿Te gustó? ¿Por qué?

____

____

4. ¿Ante qué cosas o sucesos te quedarías **incrédulo**?

____

____

Elige dos palabras del Vocabulario crítico y escribe una oración con cada una. Incluye un sinónimo o un antónimo de cada palabra de vocabulario que uses.

____

____

Nombre ______________________________

Elementos de la obra de teatro

Una **obra de teatro**, a veces llamada drama, es una narración escrita para ser representada por actores ante un público. Las obras de teatro tienen elementos que ayudan a las personas a actuar la narración. El **reparto** es una lista que identifica cada personaje que aparece en la obra. El nombre de cada personaje siempre aparece antes de las palabras que dirá. Esas palabras se llaman **diálogo**. La **escenografía** ambienta la obra e indica al público dónde y cuándo tiene lugar cada escena. Las **direcciones de escena** indican a los actores lo que deben hacer y cómo deben hablar.

Vuelve a leer la página 207 de *Atrápame si puedes.* Luego contesta la pregunta.

1. En una obra de teatro, ¿cómo se diferencia el aspecto de las palabras y su disposición en la página del aspecto que suelen tener en cuentos o poemas?

____

____

____

____

____

Vuelve a leer las páginas 208 y 209 de *Atrápame si puedes.* Luego contesta las preguntas.

2. ¿Qué acontecimiento ocurre en esta parte de la obra?

____

3. ¿Qué personajes están hablando?

____

4. ¿Qué indican las direcciones de escena a los espectadores de la carrera?

____

____

Nombre ______________________________

Raíces del latín *vis, aud, spec*

Completa la tabla con otras palabras que contengan las raíces *vis, aud* o *spec*.

vis	*aud*	*spec*
visita	audiencia	perspectiva

Escribe oraciones con palabras que contengan las raíces *vis, aud* o *spec*.

____

____

____

____

____

____

Nombre ______________________________

Expresiones idiomáticas, adagios y proverbios

Las expresiones idiomáticas, los adagios y los proverbios son frases o dichos comunes con significados que van más allá de lo que se puede comprender por sus palabras individuales. Una **expresión idiomática** es una frase que significa algo diferente de lo que dicen las palabras. Un **adagio** expresa una verdad o da un consejo. Un **proverbio** expresa una verdad breve con base en el sentido común o la experiencia.

Vuelve a leer la página 206 de *Atrápame si puedes*. Luego contesta las preguntas.

1. ¿Qué adagio puedes identificar? ¿Qué significa este dicho?

____

____

2. ¿Qué significa este adagio en relación al texto?

____

____

Vuelve a leer la página 208 de *Atrápame si puedes*. Luego contesta las preguntas.

3. ¿Qué proverbio o expresión idiomática aparece en el diálogo del Joven Juan?

____

4. ¿Qué quiere decir el Joven Juan con esto?

____

5. ¿Qué proverbio o expresión idiomática dice Atalanta? ¿Qué significa?

____

6. ¿Cómo sería diferente el significado de cada expresión si consideras lo que significa cada palabra?

____

____

Nombre ______________________________

Sílabas con ga, go, gu, gue, gui

Las sílabas *ga, go, gu, gue, gui* se pronuncian con *g* suave. Nota que la *u* en *gue* y *gui* es muda. Lee las palabras de la tabla y encierra en un círculo las sílabas con *g* suave.

conseguir	Jugaban	águila	luego
lugar	llegar	gusano	agua
amiga	conmigo	manguera	averiguar

Completa las siguientes oraciones con palabras de la tabla.

1. Si quieren venir ____________ tienen que estar listos al mediodía.
2. Hablo por teléfono todos los días con mi mejor ____________.
3. Hay que estudiar mucho para ____________ una A en la prueba.
4. Pon los libros en su ____________ cuando termines.
5. La lombriz es un tipo de ____________.
6. El tren no va a ____________ a tiempo a su destino.
7. Tomar ____________ es lo mejor para quitar la sed.
8. Para ____________ algo, debes buscar la información pertinente.
9. El vuelo del ____________ entre las corrientes de aire es majestuoso.
10. Compré una ____________ para regar el jardín.

Nombre ______________________________

Vocabulario crítico

Al hablar o escribir, puedes usar las palabras que aprendiste en la lectura.

Usa tu comprensión del Vocabulario crítico para apoyar tus respuestas a las siguientes preguntas.

1. ¿Qué quiere decir una persona cuando dice que va a **explotar** si no hace algo?

____

____

2. ¿Qué significaría si tuvieras varias **oportunidades** para viajar a otros países? ¿Por qué sería **sorprendente**?

____

____

____

3. Si pudieras hacer nuevas leyes de **inmigración**, ¿cómo serían?

____

____

4. La palabra *refugio* significa "un lugar seguro y protegido". ¿De qué manera se relaciona esta palabra con la palabra **refugiados**?

____

____

Elige dos palabras del Vocabulario crítico y escribe una oración con cada una.

____

____

Nombre ______________________________

Elementos literarios

Los elementos literarios incluyen los personajes, el ambiente, la trama y los acontecimientos que ocurren en el cuento.

Vuelve a leer los párrafos 17 y 18 de *Mi diario desde aquí hasta allí.* Luego contesta la pregunta.

1. ¿Cómo realzan los acontecimientos la trama del cuento?

____

____

____

____

____

____

____

Vuelve a leer el párrafo 24 de *Mi diario desde aquí hasta allí.* Luego contesta las preguntas.

2. ¿Qué impacto tienen sobre Amada las mudanzas de una casa a otra?

____

____

____

3. En tu opinión, ¿qué impacto tienen las dificultades de un cambio tan grande sobre los hermanos de Amada?

____

____

Nombre ______________________________

Prefijos *sobre-*, *poli-*

Completa la tabla con otras palabras que contengan los prefijos *sobre-* o *poli-*.

sobre–	*poli–*
sobrecargar	policlínica

Escribe oraciones con palabras que contengan los prefijos *sobre-* o *poli-*.

____

____

____

____

____

____

Nombre ___________________________

Punto de vista

El punto de vista indica quién narra un cuento. En el punto de vista en primera persona, el narrador relata el cuento usando los pronombres *yo, mí, mi* y *nosotros*. En el punto de vista en tercera persona, el narrador está fuera del cuento y lo relata usando los pronombres *él, ella, ellos* y *ellas*.

Vuelve a leer el párrafo 1 de *Mi diario desde aquí hasta allí*. Luego contesta las preguntas.

1. ¿Desde qué punto de vista se narra este cuento?

____

2. ¿Por qué crees que la autora elige este punto de vista para narrar el cuento?

____

____

3. ¿Cómo se compara la reacción de Amada por la mudanza a Los Ángeles con la de sus hermanos?

____

____

____

____

____

Vuelve a leer los párrafos 22 y 23 de *Mi diario desde aquí hasta allí*. Luego contesta la pregunta.

4. ¿De quién es el punto de vista que leemos en la carta de Papá? ¿Cómo lo sabes?

____

____

Nombre ____________________

Sílabas con *ga, go, gu, gue, gui*

Lee las palabras de la tabla y divídelas en sílabas.

galáctica	jugaban	conmigo	luego
asegurarme	seguir	galería	lugar
gustaría	diga	siguiente	manga

Completa las siguientes oraciones con palabras de la tabla.

1. ¿Quién quiere ir al cine ____________ de comer?
2. Tu compañía es muy grata y me ____________ que nos visitaras otra vez.
3. La guerra ____________ entre los extraterrestres duró siglos en esa película.
4. La parte de una camisa que cubre el brazo es la ____________.
5. Siempre ____________ béisbol cuando iban al parque.
6. Debemos ____________ las instrucciones del entrenador.
7. Tomen nota de todo lo que ____________ el instructor.
8. Debo ____________ de que he cumplido con todo lo que piden.
9. El ____________ al bate es Ricardo, el mejor jugador de la temporada pasada.
10. Hay una exposición de pintores mexicanos en la ____________ de arte.

Nombre ______________________________

Técnica de la autora

La técnica del autor es el lenguaje y los recursos que usa un escritor para que su escritura sea más interesante.

Vuelve a leer los párrafos 8 a 10 de *Mi diario desde aquí hasta allí.* Luego contesta las preguntas.

1. ¿Qué anécdota o breve relato de un personaje se cuenta aquí?

____

____

2. ¿Por qué crees que la autora decidió incluir aquí la anécdota de Michi y su familia?

____

____

Vuelve a leer el párrafo 35 de *Mi diario desde aquí hasta allí.* Luego contesta las preguntas.

3. Busca ejemplos de cómo el uso de lenguaje contribuye a la voz de la autora.

____

____

____

____

4. Busca otro ejemplo en el texto que muestre cómo la autora usa técnicas y recursos para revelar su voz y captar el interés del lector.

____

____

____

____

Nombre ______________________________

Sílabas con *g* fuerte y *j*

Lee cada oración. Escribe en el espacio en blanco una sílaba con *g* fuerte o con *j* que complete correctamente cada palabra en la oración.

1. El acto de ma _____ que más me impresionó fue la desaparición del cone _____.
2. El via _____ de Sara a E _____ to fue una experiencia inolvidable.
3. Mi abuela se merece un elo _____ por su manera tan especial de te _____ bufandas a mano.
4. El maestro de física dice que el uso de la ener _____ a solar logrará reba _____ el costo de la electricidad.
5. _____ más podré olvidar la ima _____ de la luna vista a través del telescopio.
6. Aunque no hablábamos _____ ponés, la mesera fue muy _____ til con nosotros.
7. El director se diri _____ a toda la _____ te en el auditorio con voz firme y fuerte.
8. Aunque nunca ha estado en una _____ gla, Luis hizo unos magníficos bosque _____ de una selva tropical.

Nombre ______________________________

Vocabulario crítico

Al hablar y escribir, puedes usar las palabras que aprendiste en la lectura.

Completa las oraciones basándote en lo que aprendiste sobre las palabras del Vocabulario crítico en *El misterio del tiempo robado*.

1. Los estudiantes se **comprometieron** a no jugar béisbol en el patio porque

____

2. Cuando vi en mi reloj el tiempo que había **transcurrido**, supe que

____

3. Los semáforos de mi calle deben **componerlos** pronto porque

____

4. La policía fue muy **sigilosa** porque quería sorprender

____

5. La idea de Luis de caminar a la escuela en pleno invierno me pareció **descabellada** porque

____

6. Tenía el corazón **palpitante** porque el partido

____

7. Después del verano, Sergio lucía más **esbelto** porque

____

8. El pescador puso una **carnada** en su caña de pescar para

____

Nombre ___________________________

9. Cuando evaluaron los bajos resultados de los exámenes, los maestros **idearon** un

____

10. En las películas de suspenso, el público siempre **anhela** que

____

Nombre ______________________________

Punto de vista

El **punto de vista** de un cuento se expresa usando el punto de vista en primera persona o en tercera persona. Cuando el cuento se narra desde el punto de vista en primera persona, el narrador del cuento es un personaje del mismo cuento. Los lectores pueden buscar palabras clave como *yo, mí* y *nosotros* para identificar el punto de vista en primera persona. Cuando un cuento se narra desde el punto de vista en tercera persona, el narrador no forma parte del cuento, sino que se halla fuera del relato. Los lectores pueden buscar palabras clave como *él, ella, ellos* y nombres de los personajes para identificar el punto de vista en tercera persona.

Vuelve a leer el párrafo 1 de *El misterio del tiempo robado* para identificar el punto de vista. Luego, contesta las siguientes preguntas.

1. ¿Qué punto de vista usa la autora en el párrafo 1?

____

____

2. ¿Cómo lo sabes?

____

____

____

Vuelve a leer la página 260 y contesta la siguiente pregunta.

3. ¿Cómo sería diferente el cuento si don Diego fuera el narrador?

____

____

____

____

____

Nombre ______________________________

Sílabas con *g* fuerte y *j*

Lee cada oración. Elige las sílabas con *g* fuerte o *j* que completen correctamente las palabras incompletas de cada oración.

1. La persona que monta caballos también se llama __nete. (gi, ji)
2. Por el fuerte __mido del jugador supimos que se lastimó al caer. (ge, je)
3. Si algo no es real, entonces es ima__nario. (gi, ji)
4. Mi abuelo es tan fuerte, que no de__ que nadie le cargue la maleta cuando via__. (ga, ja)
5. Con un á___ salto, el portero evitó que el penal se convirtiera en gol. (gil, jil)
6. En la re____más boscosa del estado hay árboles muy antiguos. (jión, gión)
7. La prolongada sequía de este año obligará a tomar medidas ur____tes contra la escasez de agua. (gen, jen)
8. Las semillas empezarán a ___minar una semana después de haberlas plantado. (jer, ger)

Nombre ____________________

Prefijos *sub-*, *mono-*

Completa la tabla con otras palabras que contengan los prefijos.

sub–	*mono-*
subtítulo	monociclo

Escribe oraciones con palabras que contengan estos prefijos.

____

____

____

____

____

____

Nombre ____

Tema

El **tema** de un cuento es el mensaje principal, la lección o moraleja del texto. En ocasiones, el autor presenta el tema. Otras veces, el tema se desarrolla por medio de los detalles del texto. En ese caso, el lector debe descubrir el tema por su cuenta.

> Vuelve a leer los párrafos 32 a 37 de *El misterio del tiempo robado* para determinar el tema. Luego, contesta las siguientes preguntas.

1. ¿Cómo justifica don Diego su acción de haberse robado el reloj de la plaza?

____

____

____

____

2. ¿Qué mensaje o lección trata de comunicar la autora?

____

____

____

____

3. ¿Qué mensaje te impactó más? ¿Cómo puedes usar este mensaje y aplicarlo en tu vida diaria?

____

____

____

Nombre ____

Características del texto y elementos gráficos

Las **características del texto** pueden presentar partes importantes de un cuento. El autor puede usar diferentes clases de tipografía, como letra negrita, bastardillas o mayúsculas, para comunicar algo importante y atraer la atención del lector. Los autores también pueden usar diferentes tipos de puntuación, como signos de exclamación, para expresar miedo, entusiasmo u otras emociones sin necesidad de usar muchas palabras.

Los **elementos gráficos** son elementos visuales, como ilustraciones, diagramas, mapas y burbujas de diálogo, que ayudan a explicar mejor las ideas del texto.

Lee las páginas 252 y 253 de *El misterio del tiempo robado.* Luego, contesta la pregunta.

1. ¿De qué manera las características del texto de la página 252 se relacionan con la ilustración que se extiende en las páginas 252 y 253?

____

____

____

Lee la página 257 de *El misterio del tiempo robado.* Luego, contesta las preguntas.

2. ¿Cómo se diferencia la característica del texto del párrafo 24 con el resto de la página?

____

3. ¿Cómo ayuda la puntuación a entender mejor esta parte del cuento?

____

____

Lee el párrafo 21 de *El misterio del tiempo robado*. Luego, contesta la pregunta.

4. ¿Cómo ayuda la puntuación a entender mejor esta parte del cuento?

____

Nombre ____

Palabras compuestas

Lee cada oración. Identifica y decodifica la palabra compuesta. Escribe las palabras que la forman en la línea de abajo.

1. Con gran habilidad, la araña tejió una telaraña en la rama del árbol.

____

2. Como le tengo miedo a las alturas, nunca miro por las ventanas de los rascacielos.

____

3. Mi quehacer de esta semana será arreglar el armario de mi cuarto.

____

4. A Gloria le encanta tanto la naturaleza, que de grande quiere ser guardabosque.

____

5. Como nadie trajo un abrelatas, tuvimos que abrir la sopa de tomate con un llavero.

____

6. Es la primera vez que no uso un salvavidas para nadar en la piscina.

____

Nombre ______________________________

Vocaculario crítico

Al hablar y escribir, puedes usar las palabras que aprendiste en la lectura.

Usa tu comprensión de las palabras del Vocabulario crítico de *¡Bomberos paracaidistas al rescate!* para apoyar tus respuestas a las siguientes preguntas.

1. ¿Les recomendarías a unos amigos **asustadizos** trabajar como bomberos paracaidistas? ¿Por qué?

____

____

2. El trabajo de un bombero paracaidista suele ser **extenuante**. ¿Cuáles son algunas de las tareas que realizan en su trabajo?

____

____

Escribe una oración con cada una de las palabras del Vocabulario crítico.

____

____

Nombre ______________________________

Estructura del texto

A la manera en que los autores organizan la información en un texto se le llama **estructura del texto.** Eligen una estructura del texto para destacar las razones de su escritura.

Si el autor quiere...	La estructura del texto puede ser...
narrar los sucesos en el orden en que pasaron	orden cronológico o en secuencia
explicar qué pasó y por qué	causa y efecto
mostrar cómo se asemejan y diferencian las cosas	comparar y contrastar

En ocasiones, los autores organizan la información para explicar un problema y decir cómo puede solucionarse. En una estructura del texto de tipo problema-y-solución, el escritor da detalles sobre un problema y después describe cómo corregirlo o lidiar con él.

Determina la estructura del texto y cómo contribuye al propósito del autor.

1. ¿Qué estructura del texto usa la autora?

____

2. ¿Cuál es el propósito de la autora?

____

____

____

3. ¿Cómo conocer la estructura del texto te ayuda a comprender las ideas principales de la autora?

____

____

Busca un ejemplo de una estructura del texto diferente en el mismo texto.

4. ¿Qué otra estructura del texto encontraste? ¿Por qué la usó la autora?

____

____

Nombre ______________________________

Palabras compuestas

> Forma diez palabras compuestas con las palabras de la caja y escríbelas en las líneas de abajo.

rayos	cesto	caídas	lenguas	pelo
bajo	sacar	lavar	dulce	parar
platos	pies	cien	rojo	alto
corchos	parar	trabar	balón	agrio

1. ______________________________
2. ______________________________
3. ______________________________
4. ______________________________
5. ______________________________
6. ______________________________
7. ______________________________
8. ______________________________
9. ______________________________
10. ______________________________

Nombre ______________________________

Vocabulario crítico

Al hablar y escribir, puedes usar las palabras que aprendiste en la lectura.

Usa detalles de *Perseo y la derrota de Medusa* para apoyar tus respuestas a las siguientes preguntas. Luego usa palabras del Vocabulario crítico al comentar tus respuestas con un compañero.

1. ¿Quién había **ideado** un plan para engañar a Perseo esperando que matara a Medusa? Explica.

   ____

2. ¿Por qué Dánae se quedó **afligida** cuando Perseo abandonó el palacio?

   ____

3. ¿Cómo te sentirías si tus padres te anunciaran que tu familia va a hacer una **odisea**?

   ____

4. ¿Era el **destino** de Perseo que lo asesinara Medusa?

   ____

5. ¿Considerarías a una persona como un ser **mortal**? Explica.

   ____

Escribe una oración en la que uses una de las palabras del Vocabulario crítico.

____

Nombre ____

Elementos de la obra de teatro

Los cuentos se escriben en párrafos que forman capítulos. Los poemas se escriben en renglones que forman estrofas. ¿En qué se diferencia una obra de teatro?

Una **obra de teatro** es una historia que debe representarse ante un público. El **guion** de una obra de teatro les dice a los directores, actores y a los ayudantes entre bastidores, cómo representar exactamente la obra en el escenario.

- El **reparto** o los **personajes** es una lista de las personas, los animales o de otros seres dentro de la obra de teatro. Por lo general, aparece al principio del guion.
- Las **direcciones de escena** aparecen a lo largo del guion y por lo general, están en letras bastardillas. Las direcciones de escena describen el ambiente de cada escena, la manera en que los personajes deben decir un diálogo o cuándo entran, salen o se mueven.
- A las palabras que se dicen los personajes entre sí se les llama **diálogo**. Cada diálogo empieza con el nombre del personaje que debe decir esas palabras. El diálogo se construye para revelar la trama de la obra de teatro.

Repasa la página 276 de *Perseo y la derrota de Medusa*. Luego, contesta la pregunta.

1. ¿Cómo la información del reparto te ayuda a pensar en lo que podría ocurrir en la obra de teatro?

____

____

____

Lee los renglones 12 a 20 de *Perseo y la derrota de Medusa*. Luego, contesta las preguntas.

2. ¿Qué muestran las direcciones de escena sobre cómo debe hablar cada personaje?

____

3. ¿Cómo revela el diálogo el problema que enfrenta Perseo?

____

____

____

Nombre ______________________________

Sufijos *-able*, *-ible*

Completa la tabla con palabras que contengan estos sufijos.

–able	*–ible*

Escribe oraciones con palabras que contengan estos sufijos.

____

____

____

____

____

____

Nombre ___________________________

Lenguaje figurado

El **lenguaje figurado** es el uso de palabras o frases que sugieren más de lo que las palabras realmente significan. El lenguaje figurado puede ayudar a los lectores a comprender una idea al relacionarla con una persona o cosa más conocida. Esto se puede hacer por medio de comparaciones o creando fuertes imágenes. El uso del lenguaje figurado ayuda a los lectores a ver algunas ideas de manera diferente.

Tipo	Lo que es	Ejemplo
Alusión	breve referencia a personas, lugares, cosas o ideas de la historia o la literatura; muchas alusiones se refieren a mitos	*¡No debe extrañar que un barco llamado* Poseidón *se hundiera en el fondo del mar!*
Símil	el uso de las palabras *tan* y *como* o solo *como* para comparar una cosa con otra	*La furia en los ojos de Eugenio ardía tan intensa como el carbón.*
Imágenes	descripciones con palabras que recurren a los sentidos	*La puerta de madera desgastada estaba agrietada y astillada.*

Contesta las preguntas sobre la página 281 de *Perseo y la derrota de Medusa.*

1. ¿Cuáles son algunos ejemplos de imágenes en el texto? ¿Cómo ayudan a los lectores?

____

____

2. ¿Qué direcciones de escena incluye un símil? ¿Qué te ayuda a imaginar esta comparación?

____

____

Contesta la pregunta sobre la página 284 de *Perseo y la derrota de Medusa.*

3. *La Odisea* es un famoso poema griego. ¿Qué alusión hace la autora a este poema?

____

____

Nombre ______________________________

Reconocer la raíz de las palabras

Completa la siguiente tabla.

Verbo	Pretérito perfecto	Pretérito imperfecto
	dormí	
		temían
		cocinábamos
asistir		
	patiné	
lanzar		
		oías
	estableció	
		estaba
	acuatizó	

Nombre ______________________________

Vocabulario crítico

Al hablar y escribir, puedes usar las palabras que aprendiste en la lectura.

Usa detalles de *La batalla de El Álamo* para apoyar tus respuestas a las siguientes preguntas. Luego usa palabras del Vocabulario crítico al comentar tus respuestas con un compañero.

1. Comenta algún libro o una película donde un personaje **se ha rendido** ante el enemigo.

____

____

2. ¿Cómo describirías una **rebelión**?

____

3. ¿Cómo te sentirías si algo o alguien te pusiera **furioso**?

____

4. ¿Crees que sería bueno tener un líder que fuera un **tirano**?

____

5. Si fueras al cine **ocasionalmente**, ¿con qué frecuencia irías?

____

6. ¿En qué lugar crees que podrías **asegurar** mejor tus pertenencias? Explica.

____

Escribe una oración en la que uses dos palabras del Vocabulario crítico.

____

____

Nombre ______________________________

Idea principal

La idea principal de un texto es la idea más importante, o la idea central, con la que los lectores deben quedarse después de leer el texto. La idea principal se apoya con detalles, como hechos, ejemplos y descripciones. Los lectores evalúan los detalles para determinar las ideas clave.

Vuelve a leer los párrafos 5 a 8 de *La batalla de El Álamo*. Luego, completa los siguientes ejercicios.

1. Determina la idea principal que se presenta en esta narración de no ficción.

____

____

____

2. Considera la idea principal al contestar esta pregunta. ¿Cuáles son algunas de las decisiones más difíciles que debieron tomar las personas en El Álamo?

____

____

____

____

3. ¿Qué detalles de la página 299 apoyan la idea principal?

____

____

____

____

____

____

Nombre ______________________________

Sufijos -nte, -ncia

Completa la tabla con palabras que contengan estos sufijos.

–ente/-ante	*–encia/–ancia*

Escribe oraciones con palabras que contengan estos sufijos.

____

____

____

____

____

____

Nombre ____

Estructura del texto

En los textos de no ficción la información se puede organizar de varias maneras. Identificar la estructura del texto puede serte útil para comprender mejor un texto de no ficción.

Vuelve a leer el párrafo 5 para identificar la estructura del texto de causa y efecto. Luego, contesta las preguntas sobre *La batalla de El Álamo.*

1. ¿Cuál es el efecto de los pensamientos de Santa Anna sobre la nueva constitución?

____

2. ¿Cuál es el efecto de estas nuevas leyes?

____

Vuelve a leer los párrafos 26 y 27 y luego contesta las preguntas.

3. ¿Qué pasa cuando Travis ve la bandera que izan Santa Anna y los mexicanos?

____

4. ¿Cómo te ayuda a comprender mejor la narración reconocer la estructura del texto de causa y efecto de este suceso?

____

____

____

Lee los párrafos 50 a 56 para determinar la estructura de causa y efecto.

5. ¿Cuál es el efecto de la línea que Travis trazó con su espada? ¿Por qué es importante?

____

____

____

Nombre ______________________________

Reconocer la raíz de las palabras

Completa la tabla con la palabra con el sufijo *-able* o *-ible* que le corresponda a cada verbo o sustantivo.

Verbo o sustantivo	Palabra con sufijo *-able* o *-ible*
comida	
amigo	
amar	
sumergir	
gobierno	
visión	
negociar	
terror	
transportar	
indefinición	

Completa cada oración con una palabra de la tabla con el sufijo *-able* o *-ible* correcto.

1. La expedición a la fosa de las Marianas fue posible gracias a un moderno vehículo ____________.

2. En las profundidades del mar no hay luz y muy pocas cosas son ____________.

3. Las personas simpáticas y corteses son personas ____________.

4. El incendio causó muchos daños al edificio. Fue una situación ____________.

5. Gracias a sus ruedas, este pesado piano es bastante ____________.

Nombre ______________________________

Propósito de la autora

El propósito de la autora es su razón para escribir. Con en ese propósito en mente, la autora usa el lenguaje para presentar la información de cierta manera. Poner atención a este uso del lenguaje y la información puede ayudar al lector a determinar la razón que la autora tiene para escribir el texto.

Vuelve a leer los párrafos 9 a 15 para determinar el propósito de la autora.

1. ¿Qué punto de vista se usa en los párrafos 9 a 15? ¿Cómo lo sabes?

____

____

2. ¿Por qué crees que la autora usa este punto de vista?

____

____

____

3. Al final, ¿qué propósito tuvo la autora para escribir esta narración de no ficción?

____

____

____

4. ¿Qué elementos usó para lograr su propósito?

____

____

____

____

Nombre ______________________________

Reconocer la raíz de las palabras

Lee cada oración. Mira el verbo en letra negrita. Encierra en un círculo la terminación. Luego escribe si la terminación corresponde al tiempo futuro o al tiempo condicional.

1. Mis padres nos **dejarán** en el cine. ____________
2. Yo no **escribiría** una carta de recomendación para Alicia. ____________
3. La próxima semana **conducirán** el carro hasta San Antonio. ____________
4. Si pudiera, me **compraría** un automóvil nuevo. ____________
5. **Bailaría** toda la noche con esa música tan alegre. ____________
6. Algún día **trabajaré** en una nave espacial. ____________
7. Los adultos **pagarán** la cuenta. ____________
8. Con este cansancio **dormiría** toda el día. ____________
9. **Correría** hasta el fin del mundo por el premio. ____________
10. **Harán** un pastel enorme para el banquete. ____________

Nombre ______________________________

Vocabulario crítico

Al hablar y escribir, puedes usar las palabras que aprendiste en la lectura.

Usa tu comprensión de las palabras del Vocabulario crítico para apoyar tus respuestas a las siguientes preguntas. Luego usa las palabras del Vocabulario crítico al comentar tus respuestas con un compañero.

1. ¿Qué actividad harías de una manera **solemne**?

____

____

2. ¿Qué nueva tecnología ha dejado a tus compañeros **atónitos**?

____

____

3. Si un gimnasta hace un ejercicio de manera **impecable**, ¿cómo lo hizo?

____

____

4. Si tus amigos **se arrepintieron** de algo que te hicieron, ¿cómo podrían mejorar la situación?

____

____

5. En tu opinión, ¿quién es un actor muy **cómico**?

____

____

6. ¿Por qué crees que los científicos son buenos **observadores**?

____

____

Nombre ______________________________

7. ¿Qué harías para que tus amigos se sientan **halagados**?

____

____

8. ¿Qué harías si unos perros **pisotearan** las hojas de la tarea que hiciste ayer?

____

____

Escribe dos oraciones con dos palabras del Vocabulario crítico.

____

____

Nombre ______________________________

Ideas principales y secundarias

Cuando los autores presentan sus **ideas** en un texto de no ficción, esas ideas deben tener **apoyo**, es decir, estar respaldadas por razones y evidencia. Puede haber diversos tipos de razones y evidencia en un texto.

- Un **hecho** es una afirmación que es verdadera y se puede comprobar. Los autores también proporcionan detalles y ejemplos para apoyar la afirmación.
- Una **opinión** indica lo que siente una persona o lo que cree que es verdad. No se puede comprobar, pero las razones y la evidencia proporcionadas con la opinión podrían hacerla parecer verdadera.

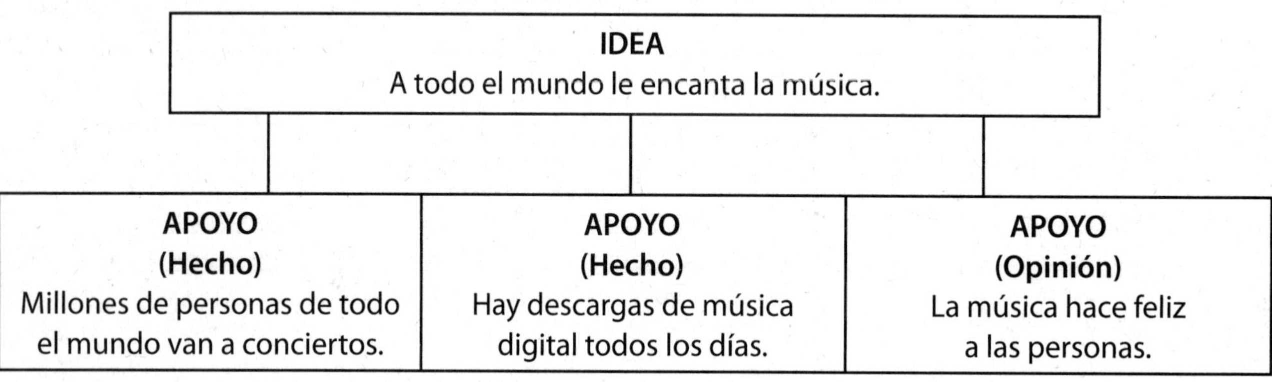

Vuelve a leer los párrafos 21 a 24 de *Los Beatles eran fabulosos (y muy divertidos)* para contestar la siguiente pregunta.

1. ¿Cómo apoyan los autores la idea de que los Beatles eran divertidos?

____

____

____

Vuelve a leer los párrafos 31 y 32 para contestar la siguiente pregunta.

2. ¿Qué piensan los autores sobre la fama repentina de los Beatles? ¿Es eso un hecho o una opinión?

____

____

Nombre ____________________

Reconocer la raíz de las palabras

Lee los siguientes verbos. Identifica la raíz del verbo y escríbela en el espacio en blanco. Luego indica si el verbo está en tiempo futuro o en tiempo condicional.

1. comeré ____________________
2. analizaría ____________________
3. manejarán ____________________
4. verás ____________________
5. irán ____________________
6. viviré ____________________
7. pediría ____________________
8. leerás ____________________
9. comenzaré ____________________
10. dejaría ____________________

Elige cuatro verbos de la lista: dos en tiempo futuro y dos en tiempo condicional. Escribe una oración con cada uno.

____

____

____

____

Nombre ____

Sufijos -*dad*, -*ura*

Un **sufijo** es la parte que se añade al final de una palabra base para cambiar su significado. Cuando los sufijos -***dad*** o -***ura*** se colocan al final de una palabra, cambia la categoría gramatical de la palabra.

Completa la tabla con palabras que contengan los sufijos -*dad* o -*ura*.

-*dad*	-*ura*

Elige tres palabras de la tabla y escribe una oración con cada una.

____

____

____

Nombre ______________________________

Estructura del texto

La **estructura del texto** es la manera en que los autores organizan su escritura. A veces, una selección tiene varias estructuras. En selecciones con diversos tipos de estructuras, el autor organiza partes de los textos según lo que mejor expresa sus ideas.

Estructura del texto	Propósito
Comparar y contrastar	indicar en qué se parecen y se diferencian las ideas y los temas
Causa y efecto	explicar lo que sucede y por qué sucede
Secuencia	contar los acontecimientos en el orden en que que suceden
Problema y solución	explicar un problema y contar cómo se resuelve

Vuelve a leer los párrafos 1 a 5 para analizar la estructura de *Los Beatles eran fabulosos (y muy divertidos)*. Luego contesta las siguientes preguntas.

1. ¿Cómo está organizada esta parte del texto?

____

____

2. ¿Qué pistas incluyen los autores para mostrar la estructura de texto?

____

____

3. ¿De qué manera conocer la estructura del texto te ayuda a comprender el propósito con que los autores escribieron esta selección?

____

____

Nombre ______________________________

Lenguaje figurado

Los autores usan el **lenguaje figurado** para comparar, exagerar o expresar un significado diferente del que esperaría el lector. Las **expresiones idiomáticas**, o frases que significan algo diferente de lo que significan las palabras individuales, son un tipo de lenguaje figurado. Los autores también pueden usar **lenguaje descriptivo** y **palabras sensoriales** para apelar a los sentidos del lector. Estos detalles vívidos ayudan al lector a formar imágenes mentales de lo que sucede en el texto.

> **Vuelve a leer los párrafos 5 y 16 de *Los Beatles eran fabulosos (y muy divertidos).* Luego, contesta la siguiente pregunta.**

1. ¿Cómo usan los autores el lenguaje figurado en los párrafos 5 y 16?

____

____

____

____

____

> **Vuelve a leer el párrafo 33 de *Los Beatles eran fabulosos (y muy divertidos)* para identificar el uso del lenguaje figurado por parte de los autores. Luego, contesta las siguientes preguntas.**

2. ¿Qué lenguaje figurado usan los autores para describir la Beatlemanía durante la gira de 1964?

____

3. ¿Qué lenguaje descriptivo te ayuda a visualizar los lugares donde tocaron los Beatles durante sus conciertos?

____

____

Nombre ______________________________

Sílabas con *h*, *ch*

Lee las palabras de la tabla de abajo. Encierra en un círculo las palabras con *h* muda.

hacen	cuchillo	exhibir	ducha
zanahoria	derechos	habitación	helicóptero
has	horizontal	búho	lechuga

Completa cada oración con una palabra de la tabla.

1. El ______________ voló lentamente buscando su presa.

2. El eje ______________ de una gráfica suele marcarse con una *x*.

3. Necesito una ______________ oscura para dormir bien.

4. Un ______________ llevó al presidente al Capitolio.

5. No sé dónde ______________ puesto las llaves.

6. Papá se dio una ______________ y se fue a trabajar.

7. Los ______________ de los ciudadanos aparecen en la Constitución.

8. Este______________ viejo ya no sirve para cortar.

9. En esa panadería ______________ unos pasteles deliciosos.

10. ¿La ______________ es buena para la vista?

Nombre ______________________________

Vocabulario crítico

Al hablar y escribir, puedes usar las palabras que aprendiste en la lectura.

Usa tu comprensión de las palabras del Vocabulario crítico para apoyar tus respuestas a las siguientes preguntas. Luego usa las palabras del Vocabulario crítico al comentar tus respuestas con un compañero.

1. ¿Qué responsabilidades podría tener un **curador** de un museo de historia?

____

____

2. Cuando le tomas una foto a un objeto, ¿debes enfocar la cámara en el **primer plano** o en el **fondo?**

____

____

Escribe una oración en la que uses al menos dos palabras del Vocabulario crítico.

____

____

Nombre ______________________________

Idea principal

Los videos, al igual que los textos impresos, también tienen una **idea principal**. La idea principal es aquello de lo que trata el video. En cualquier parte del video puedes encontrar detalles que apoyen la idea principal. Para hallar la idea principal y los detalles, presta atención a los diálogos y las imágenes del video.

> Vuelve a leer la página 344 y contesta las siguientes preguntas.

1. ¿Qué pistas del video te indican la idea principal?

____

____

2. En tu opinión, ¿cuál es la idea principal del video? ¿Cómo lo sabes?

____

____

____

3. ¿Cuáles son algunos detalles, hechos o evidencias que apoyan la idea principal?

____

____

____

____

Nombre ______________________________________

Sílabas con *h*, *ch*

Lee las palabras de la tabla de abajo. Identifica las palabras a las que les falta la *h* muda y escríbelas correctamente en la tabla.

uerta	abuela	almoada	adivinanza
ombres	alcantarillado	abanico	abía
aorrar	istoria	alcool	orrible

Completa cada oración con una de las siguientes palabras con *ch*: *cachete, pucheros, poncho, cancha, percha, muchas, capricho, serrucho.*

1. Le pellizqué un ______________ al bebé.
2. Papá necesita un ______________ para cortar la madera.
3. La ______________ de tenis estaba mojada y resbalosa.
4. El búho podía ver todo a su alrededor desde su ______________.
5. Todos estaban sujetos al ______________ del emperador.
6. Un ______________ es un abrigo sin mangas.
7. Cuando le quitaron el caramelo, el niño hizo ______________.
8. ______________ personas participaron en el desfile.

Nombre ____________________

Vocabulario crítico

Al hablar y escribir, puedes usar las palabras que aprendiste en la lectura.

Usa tu comprensión de las palabras del Vocabulario crítico para apoyar tus respuestas a las siguientes preguntas. Luego usa las palabras del Vocabulario crítico al comentar tus respuestas con un compañero.

1. Si un lobo sale a **merodear** por una granja durante la noche, ¿qué está haciendo?

____

____

2. ¿Qué características tiene una persona **instruida**?

____

____

3. Si estuvieras en un avión que atraviesa unas **turbulencias**, ¿qué sentirías?

____

____

4. Si haces algo de manera **espontánea**, ¿cómo lo haces?

____

____

Escribe dos oraciones con dos palabras del Vocabulario crítico.

____

____

Nombre ______________________________

Estructura del texto

La forma en que se organiza un texto te ayuda a comprender cómo las ideas se relacionan una con otra. Los autores usan la organización, o **estructura del texto**, que mejor subraye o recalque la idea principal.

Un autor puede comenzar con una idea familiar y luego expresar en qué se parecen y se diferencian otras ideas. Este tipo de estructura se llama **comparar y contrastar.** Otras estructuras incluyen causa y efecto, y problema y solución.

> Vuelve a leer las páginas 351 a 353 de *Pepino.* Luego, contesta las siguientes preguntas.

1. ¿Qué estructura del texto usa la autora en estas páginas? ¿Por qué la usa?

____

2. ¿En qué se parecen la samba y la cumbia? ¿En qué se diferencian?

____

____

3. ¿En qué se diferencia la rumba de la samba y la cumbia?

____

____

4. ¿En qué se parecen los tres bailes?

____

Nombre ______________________________

Sufijos -ero, -era, -dor, -dora, -ista

Cuando veas una palabra con los sufijos *-ero, -era, -dor, -dora* o *-ista,* busca la palabra base y te dará una pista para determinar su significado. Las palabras ***librero, cazador, motorista*** están formadas por una palabra base y un sufijo.

Completa la tabla con palabras que contengan los sufijos *-ero, -era, -dor, -dora* o *-ista*. (Pista: Piensa en trabajos y profesiones para ayudarte a encontrar palabras).

-ero, -era	*-dor, -dora*	*-ista*

Elige tres palabras de la tabla y escribe una oración con cada una.

____

____

____

____

____

____

____

____

____

Nombre ______________________________

Características del texto y elementos gráficos

Los textos a menudo incluyen **elementos gráficos** como ilustraciones. Las ilustraciones ayudan al lector a comprender mejor el texto escrito.

Vuelve a leer los párrafos 4 y 5 de *Pepino*. Luego, contesta las siguientes preguntas.

1. ¿Cómo te ayudan las ilustraciones a comprender el texto de estos párrafos?

____

____

2. ¿Qué característica especial del texto ves en el párrafo 5?

____

3. ¿Por qué la autora usa este tipo de tipografía en el texto?

____

____

Vuelve a leer la página 353 de *Pepino*. Luego, contesta las siguientes preguntas.

4. ¿Qué acontecimientos del cuento apoyan la ilustración?

____

5. ¿Qué detalles muestran las cosas que tienen en común los carnavales?

____

6. ¿Qué imagen ayudan a crear estos detalles?

____

Nombre ______________________________

Reconocer la raíz de las palabras

Lee las siguientes palabras. Luego escribe la forma singular de cada una en el espacio en blanco.

1. niñas ________________
2. veces ________________
3. aprendices ________________
4. amaneceres ________________
5. árboles ________________
6. pájaros ________________
7. codornices ________________
8. menús ________________
9. túneles ________________
10. lápices ________________
11. caminos ________________
12. luces ________________
13. matices ________________
14. ventanas ________________
15. nueces ________________
16. flores ________________
17. peces ________________
18. perdices ________________
19. estrofas ________________
20. mares ________________

Nombre ______________________________

Vocabulario crítico

Al hablar y escribir, puedes usar las palabras que aprendiste en la lectura.

Usa tu comprensión de las palabras del Vocabulario crítico para apoyar tus respuestas a las siguientes preguntas. Luego usa las palabras del Vocabulario crítico al comentar tus respuestas con un compañero.

1. Si le **infundes** ánimo a una persona, ¿qué haces?

____

____

2. ¿Cuáles son algunas cosas que te **deleitan**?

____

____

3. Si una cosa es **sencilla**, ¿cómo es?

____

4. Si una persona es **coqueta**, ¿cómo es?

____

5. Si terminaste segundo grado **a tumbos**, ¿qué te sucedió?

____

6. Si alguien te **arranca** un libro de la mano, ¿cómo lo hace?

____

Escribe dos oraciones con dos palabras del Vocabulario crítico.

____

____

Nombre ______________________________

Elementos de la poesía

Los poetas usan sonidos, ritmos e imágenes para crear sus poemas. La tabla de abajo detalla y define algunos de los elementos de la poesía.

Elemento	Lo que es
ritmo	el flujo de las palabras o el patrón de los tiempos que se marcan
rima	palabras que tienen los mismos sonidos al final, como *pago* y *mago*
aliteración	la repetición de la letra inicial de las palabras: *Mi mamá me mima.*
onomatopeya	palabras que suenan como su significado, como *runrún* y *clic*
imágenes	detalles que ayudan al lector a crear una imagen mental

Vuelve a leer la página 360 de *El arte de la poesía*. Luego, contesta la siguiente pregunta.

1. ¿Qué tipo de poema es este? ¿Cómo se distribuye el texto?

____

____

Vuelve a leer la página 363 de *El arte de la poesía*. Luego, contesta las siguientes preguntas.

2. ¿Quién es el declamador de este poema? ¿Cómo lo sabes?

____

____

____

Vuelve a leer la página 366 de *El arte de la poesía*. Luego, contesta las siguientes preguntas.

3. ¿Qué elementos de la estructura del poema hacen que tenga un ritmo especial?

____

____

Nombre ______________________________

Prefijos des-, in-

Los prefijos *des-* e *in-* son negativos, es decir, significan lo contrario de la acción o cualidad que expresa la palabra base. Un prefijo cambia el significado de la palabra base.

Completa la tabla con palabras que contengan los prefijos *des-* o *in-*.

des-	*in-*

Elige tres palabras de la tabla y escribe una oración con cada una.

Nombre ______________________________

Lenguaje figurado

Por medio del **lenguaje figurado**, los poetas hacen sus textos más interesantes y ayudan al lector a imaginar lo que lee. El lenguaje figurado son "frases o expresiones cuyo significado es diferente del que da el diccionario para las palabras individuales que las forman". Los siguientes son ejemplos de lenguaje figurado que podrías encontrar en los poemas.

- Una **metáfora** compara dos cosas que de alguna forma se parecen. Las metáforas afirman que una cosa es otra. Ejemplo: *Nuestro salón de clases es una colmena.*
- Un **símil** compara dos cosas diferentes usando la palabra *como*. Ejemplo: *El luchador es fuerte como un buey.*

Vuelve a leer la página 360 de *El arte de la poesía*. Luego contesta la siguiente pregunta.

1. ¿Qué tipo de lenguaje figurado usa el poeta? Explica su significado.

____

____

____

Vuelve a leer la página 366 de *El arte de la poesía*. Luego contesta las siguientes preguntas.

2. ¿Qué metáfora usa el poeta para describir la cometa?

____

3. ¿Cómo te ayuda esa metáfora a comprender cómo es la cometa?

____

Vuelve a leer la página 370 de *El arte de la poesía*. Luego contesta la siguiente pregunta.

4. ¿Qué ejemplos de lenguaje figurado encuentras en el poema?

____

Nombre ______________________________

Reconocer la raíz de las palabras

Reconocer la raíz de las palabras de varias sílabas con prefijos o sufijos te ayuda a decodificar y comprender palabras desconocidas. Recuerda que añadir un prefijo o un sufijo a una palabra le cambia el significado.

Lee las palabras de la tabla. Identifica la raíz y el prefijo o sufijo de cada palabra y escríbelos donde corresponda.

Palabra	Raíz	Prefijo	Sufijo
sobrepasar			
complicado			
invencible			
descubrimiento			
atravesado			
casamiento			
incomprensible			
sobrevalorar			

Lee las siguientes pistas y busca la palabra de la tabla que corresponda a cada una. Luego escribe la palabra correcta en el espacio en blanco.

1. que no se puede vencer ____________________

2. boda o matrimonio ____________________

3. dar un mayor valor del que tiene ____________________

4. hallazgo o invento ____________________

5. adelantar o superar a alguien ____________________

6. que no se entiende ____________________

7. difícil o complejo ____________________

8. cruzado o traspasado ____________________

Nombre ___________________________

Tema

El **tema** de un poema es su mensaje o lección. Tanto los poetas como los autores de textos de ficción suelen incluir algún tema. El tema de un poema puede estar expresado explícitamente, pero a menudo está implícito en los detalles que usa el poeta.

Vuelve a leer las páginas 360 y 365 de *El arte de la poesía*. Luego contesta la siguiente pregunta.

1. ¿Cuál es el tema del primer y del tercer poema de esta selección?

____

____

Vuelve a leer las páginas 368 y 369 de *El arte de la poesía*. Luego contesta las siguientes preguntas.

2. ¿Cuál es el tema del poema?

____

3. ¿Qué mensaje trata de dar el poeta al lector?

____

____

____

Vuelve a leer las páginas 368 a 370 de *El arte de la poesía*. Luego contesta la siguiente pregunta.

4. ¿Qué tema comparten los dos poemas de Alarcón? ¿Cuál es su mensaje?

____

____

Nombre ______________________________

Sílabas con ñ

La letra *ñ* representa el sonido /ñ/. Para formar la *ñ*, simplemente se coloca una virgulilla, o tilde, sobre la letra *n*.

Lee cada oración. Identifica las palabras que deben incluir una sílaba con *ñ* y, luego, subráyalas. Después, coloca la tilde en el lugar correcto de cada palabra subrayada.

1. Mi hermana y mi cunado me invitaron al cine manana.

2. El tornado hizo anicos el cobertizo y causó muchos otros danos.

3. Aunque es pequena, la arana asusta a muchas personas.

4. Antes de ir a la fiesta, me voy a banar y cortar las unas.

5. Una situación amena es cuando mi perro le grune al muneco.

6. Encontramos unas moras muy extranas en la montana.

7. En una canada muy lejana vive el lenador con su familia.

8. En la cana de pescar pongo unos gusanos pequenos como carnada.

9. Mi abuelo dice que siempre debo anadir un panuelo a mi atuendo.

10. Todos los ninos llevamos panos para limpiar las ventanas.

Nombre ______________________________

Vocabulario crítico

Al hablar y escribir, puedes usar las palabras que aprendiste en la lectura.

▶ Usa tu comprensión de las palabras del Vocabulario crítico de *La fosa de las Marianas* para apoyar tus respuestas a las siguientes preguntas.

1. ¿Por qué es famosa la **cumbre** del monte Everest?

____

2. ¿Qué objetos son **vitales** para la exploración de las profundidades oceánicas?

____

____

3. ¿Por qué es útil un vehículo **sumergible** para los oceanógrafos?

____

____

4. ¿Qué podrías haber visto en tiempos **prehistóricos**?

____

____

5. ¿Dónde podrías ver una **fosa**?

____

6. ¿Qué **emiten** algunos insectos como las luciérnagas?

____

7. ¿Cómo pueden ayudar los vehículos controlados de forma **remota** a los científicos para explorar el océano?

____

____

Nombre ______________________________

8. ¿Cómo suele ser **tripulado** un avión comercial?

____

9. ¿Podrías tripular vehículos submarinos **autónomos**? ¿Por qué?

____

Elige dos palabras del Vocabulario crítico y escribe una oración con cada una.

____

____

Nombre ______________________________

Idea principal

En ocasiones, el autor les dice a los lectores la idea principal, o central, en una oración. Más a menudo, los lectores deben descubrir por su cuenta la idea principal. Para determinar la idea principal, evalúa los detalles que incluye el autor y pregúntate: "¿Qué más me dice este detalle sobre la idea principal?"

Lee la página 26 de *La fosa de las Marianas*. Después, contesta la siguiente pregunta.

1. ¿Cuál es la idea principal del texto de la página 26?

____

2. Evalúa y presenta dos detalles que apoyen a la idea principal.

____

____

____

Elige otra sección de *La fosa de las Marianas*. Di cuál es la idea principal de esa sección. Haz una lista de al menos dos detalles de apoyo.

____

____

____

____

____

____

Nombre ______________________________

Sílabas con ñ

Lee las palabras del recuadro de abajo. Luego, completa las oraciones con palabras del recuadro.

niño	bañera
pequeñito	bañados
piña	bañarse
baño	bañerita
bañar	bañadas
bañan	baña

Toñito es un __________ al que le gusta __________ en la __________ grande. Su hermanito __________ es un bebé; por eso se __________ en una __________. Sus padres también se __________, pero lo hacen en otro __________. Cuando ya estaban __________, todos merendaron fresas __________ en chocolate y trozos jugosos de __________. Después de la merienda, tuvieron que volver a __________ al bebé.

Completa las palabras de cada oración a las que le falta una sílaba con *ñ*. Escribe en el espacio en blanco la sílaba con *ñ* correcta.

1. Cada a __________ montamos la monta __________ rusa en la feria.

2. El mu __________ co de porcelana se hizo a __________ cos cuando la ni __________ lo lanzó al suelo.

3. El huracán causó muchos da __________ a los botes peque __________.

4. La ca __________ de azúcar es un cultivo de las zonas tropicales.

5. No debes dar información personal a personas extra __________ en Internet.

Nombre ____________________

Raíces del griego *auto, bio, foto, grafía*

Completa la tabla con palabras que contengan las raíces *auto, bio, foto* y *grafía*.

auto	*bio*	*foto*	*grafía*

Escribe una oración con cada palabra de la tabla.

Nombre ____________________

Estructura del texto

La forma en que se organiza la información de un texto es la **estructura**.

- En una estructura del texto de **secuencia,** los sucesos se narran en el orden en que suceden.
- Una estructura de tipo **problema-solución** describe un problema y cómo se resuelve.
- Un texto con una estructura de **causa-efecto** explica qué pasa y por qué.
- En un texto con una estructura de **comparar-contrastar,** los autores explican en qué se parecen y diferencian las cosas.

Lee el párrafo 16 y analiza la estructura del texto. Lee y contesta las preguntas. Apoya tus respuestas.

1. ¿Qué estructura tiene esta parte del texto?

2. ¿Por qué saber la estructura te ayuda a entender la idea principal de esta página?

3. ¿Cuáles palabras clave te ayudaron a identificar la estructura?

Nombre ____

Características del texto y elementos gráficos

Las **características del texto** ayudan al lector a poner atención en detalles importantes de un texto.

- En ocasiones, los autores usan distintas clases de tipografía, como **letras en negrita** o letras en *bastardilla,* para ayudar a los lectores a prestar atención a palabras especiales o importantes.
- En ocasiones, los autores usan guías de pronunciación para ayudar a los lectores a saber cómo pronunciar palabras o nombres difíciles de lugares poco conocidos.

Los **elementos gráficos,** como las fotografías y los mapas, proporcionan a los lectores información adicional sobre un tema.

Lee la página 21. Conecta el texto con el mapa de la página 20. Luego, lee y contesta la pregunta.

1. ¿Cómo te ayuda el mapa a entender mejor el texto?

____

____

Lee el párrafo 10 en la página 26. Luego, lee y contesta la pregunta. Apoya tu respuesta.

2. ¿Por qué crees que los autores utilizan dos distintas características del texto (**negritas** y *bastardillas*) en esta página?

____

____

3. Elige otro elemento gráfico. Explica lo que muestra y por qué se incluye en el texto.

____

Nombre ______________________________

Sílabas con r fuerte (r, rr)

Hay dos formas de representar el sonido *r* fuerte: *r* y *rr*. Se usa *r* al inicio de las palabras, como en *roca* o *rama*, y detrás de la consonante de la sílaba anterior, usualmente *l*, *n* o *s*, como en *alrededor*, *honrado* o *desrizar*. Se usa *rr* entre vocales, como en *barrio* o *terrible*.

Lee las palabras de la tabla de abajo. Completa cada palabra con *r* o *rr* según corresponda.

____evelar	ba____era	____egión	____efugio
a____ecife	____utilante	guija____os	ho____or
____everencia	te____itorio	____ealidad	____aiz

Completa cada oración con una palabra de la tabla.

1. La cueva protegía y daba ____________ a los ositos recién nacidos.

2. Le gusta hacer saltar piedritas y ____________ sobre la superficie del agua.

3. Las Grandes Praderas cubren un inmenso ____________.

4. Los cortesanos fieles hicieron una ____________ ante el rey.

5. La ____________ es la parte del árbol que crece debajo del suelo.

6. Un ____________ de coral alberga a muchos peces y otros animales marinos.

7. Las películas de ____________ me dan mucho miedo.

8. El anillo tenías perlas alrededor de un diamante ____________.

9. El pirata se negaba a ____________ el lugar del tesoro escondido.

10. La historia del viajero fue tan fantástica que no sabíamos si era ____________ o ficción.

Nombre ______________________________

Vocabulario crítico

Al hablar y escribir, puedes usar las palabras que aprendiste en la lectura.

Usa tu comprensión de las palabras del Vocabulario crítico de *Rocas extrañas y extraordinarias* para apoyar tus respuestas a las siguientes preguntas.

1. ¿Dirías que un fuego que se ha apagado puede ser una llama **eterna**? Explica tu respuesta.

   ____

2. ¿Cuál es la materia **orgánica** que hace que la llama eterna se mantenga encendida?

   ____

3. ¿Necesitas viajar a un sitio exótico para encontrar algo que sea **fascinante**? Explica tu respuesta.

   ____

Escribe una oración con cada una de las palabras del Vocabulario crítico.

____

____

____

Nombre ______________________________

Estructura del texto

La forma en que un autor organiza la información de un texto se llama **estructura del texto.** El autor organiza el texto de cierto modo para dirigir la atención del lector a ciertas ideas clave. En un texto, el autor puede usar una estructura del texto de **causa y efecto** para explicar por qué sucede algo. La **causa** es la razón por la que algo sucede. Lo que sucede es el **efecto.**

Lee las páginas 37 y 40. Después, contesta las preguntas sobre las estructuras del texto de *Rocas extrañas y extraordinarias.*

1. ¿Cuáles son dos causas del tintineo de las rocas?

____

____

____

2. ¿Cuál es el propósito de la autora al usar aquí una estructura de causa y efecto?

____

3. ¿Qué misterio quieren resolver los científicos en el Parque Nacional del Valle de la Muerte?

____

4. ¿Qué hicieron los científicos para resolver el misterio?

____

____

5. ¿Qué estructura del texto utiliza la autora para organizar la información sobre el misterio?

____

Nombre ______________________________

Sílabas con r fuerte (r, rr)

Lee las palabras de la tabla de abajo. Completa cada palabra con *r* o *rr* según corresponda.

a____astro	ba____era	____egión	____acimo
tle____a	____ocoso	____ifa	bo____ador
de____etimos	____odilla	te____estre	a____iba

Completa cada oración con una palabra de la tabla.

1. El muro era una ____________ que cerraba el paso a los jardines al otro lado.

2. Primero ____________ mantequilla y luego añadimos los huevos y la sal.

3. No puedo jugar al fútbol porque tengo la ____________ lesionada.

4. Me gané este osito de peluche en una ____________.

5. Compramos ____________ para las macetas de flores.

6. El guepardo es el animal ____________ más veloz.

7. La ____________ de Napa en California produce vinos famosos.

8. El ático está en la parte de ____________ de la casa.

9. Ese saco de piedritas es pesado, pero si lo ____________, podré llevarlo hasta el garaje.

10. Cuando escribas un ensayo, primero debes hacer un ____________ y después revisarlo.

Nombre ______________________________

Vocabulario crítico

Al hablar y escribir, puedes usar las palabras que aprendiste en la lectura.

Usa tu comprensión de las palabras del Vocabulario crítico para apoyar tus respuestas a las siguientes preguntas. Luego usa las palabras del Vocabulario crítico al comentar tus respuestas con un compañero.

1. ¿Por qué es desafiante explorar el **núcleo** de la fosa de las Marianas? Explica tu respuesta.

   ____

2. ¿Cómo puede la **cólera** del viento causar una **colisión** durante una tormenta?

   ____

3. Si hay una sociedad exclusiva y no muy **diversa**, ¿es probable que tu solicitud de afiliación sería **en vano**?

   ____

4. ¿Por qué es tan difícil **desentrañar** el tamaño del universo?

   ____

Elige dos palabras del Vocabulario crítico y escribe una oración con cada una.

____

____

Nombre ______________________________

Técnica del autor

La **técnica del autor** es el conjunto de destrezas que usan los autores para hacer única su escritura. La **voz** es el estilo de escritura de un autor. La voz revela las actitudes y los sentimientos del autor sobre un tema. En poesía, oímos la voz del autor en el **lenguaje figurado** y en las **imágenes** que usa.

▶ Lee el poema "La Gran Barrera" en la página 49. Luego, contesta la pregunta.

1. ¿Qué palabras expresan lo que siente el poeta sobre el arrecife Gran Barrera? Cita evidencias del poema para mostrar cómo sobresale su voz.

   ____

   ____

▶ Lee el poema "Monte Everest" en la página 51. Luego, contesta la pregunta.

2. ¿Cómo usa las imágenes la autora para contarte la experiencia de escalar el monte Everest?

   ____

   ____

3. Escribe unas cuantas oraciones o un poema sobre algún lugar que hayas visitado. Usa lenguaje figurado e imágenes para expresar tu voz de autor.

   ____

   ____

   ____

   ____

Nombre ____________________

Sufijos -*eza*, -*iento*

Los sufijos *–eza* e *–iento* pueden añadirse a las palabras base para cambiar el significado de la palabra.

franco	limpio	nacer	hambre

Completa la tabla eligiendo una palabra del recuadro de arriba y añadiéndole a cada una *–eza* o *–iento* para crear nuevas palabras.

–eza	*–iento*

Escribe una oración con cada palabra de la tabla.

Nombre ______________________________

Elementos de la poesía

Por lo general, los poemas se organizan en versos que forman estrofas. Una estrofa es un grupo de versos que van juntos en un poema. Al igual que un párrafo, una estrofa suele referirse a una idea principal. Los poemas incluyen elementos como la rima y el ritmo, que crean un sonido único cuando se leen. También crean descripciones únicas mediante elementos como las imágenes y la personficación.

Elemento	Definición
ritmo	flujo de palabras o patrón de tiempos
rima	palabras con los mismos sonidos finales, como *mañana* y *campana*
imágenes	percepciones creadas por un lenguaje que apela a los cinco sentidos
personificación	dar cualidades humanas a un animal o un objeto

Lee "La fosa de las Marianas" en la página 50 de *Maravillas de la naturaleza*. Luego, contesta las preguntas.

1. ¿Cuántas estrofas hay en "La fosa de las Marianas"? ¿Qué estrofa incluye personificación? ¿Qué cosa actúa como los humanos?

____

____

Lee "Monte Everest" en la página 51 de *Maravillas de la naturaleza*. Luego, contesta las preguntas.

2. ¿Cuál es el tema del poema de la página 51?

____

3. ¿Cómo está organizado el poema?

____

____

4. ¿Cuál es el efecto de esta organización?

____

Nombre ________________________________

Prefijos re-, des-, dis- en palabras de varias sílabas

Los **prefijos** son grupos de letras que se anteponen a una palabra base para formar una palabra nueva. El prefijo *re-* significa volver a hacer, repetir o intensificar. Los prefijos *des-* y *dis-* generalmente expresan oposición, negación o inversión con respecto a la palabra base.

Lee cada oración. Elige una palabra de la tabla para completar cada oración. Escribe la palabra en el espacio en blanco. Después de escribir la palabra, encierra en el círculo el prefijo.

re-	*des-*	*dis-*
reajustar	desactivar	disímil
reinicio	descubierto	disconformidad
readaptar	desamarrar	discordancia

1. Mi mamá dejó el pastel ____________ para que se enfriara más rápido.

2. El programa se activará con el ____________ de la computadora.

3. Como había unos altos y otros bajitos, el crecimiento de los niños era ____________.

4. Al entrar a la casa, mi papá suele ____________ la alarma de inmediato.

5. Debo ____________ mi reloj por el cambio del horario de primavera.

6. No estaba de acuerdo; por eso le expresé mi ____________.

7. Lila corrió a ____________ a su mascota cuando se fueron los invitados.

8. Había una falta de armonía o ____________ entre los sonidos.

9. Tras más cambios, los trabajadores se deben ____________ a las nuevas condiciones.

Nombre ______________________________

Vocabulario crítico

Al hablar y escribir, puedes usar las palabras que aprendiste en la lectura.

Usa tu comprensión de las palabras del Vocabulario crítico para apoyar tus respuestas a las siguientes preguntas. Luego usa las palabras del Vocabulario crítico al comentar tus respuestas con un compañero.

1. ¿Qué objetos conoces que **destellan**? Describe uno o dos.

____

2. Identifica una cosa que sufre **erosión** y descríbela.

____

3. ¿Cuáles son las responsabilidades de un **centinela** en un puesto militar?

____

4. ¿Qué sentirías si estuvieras parado al borde de un **abismo**?

____

5. Piensa en algo que **resplandece**. ¿Qué apariencia tiene?

____

6. ¿Qué pasaría si intentaras mover algo que estuviera **incrustado** en una roca? Explica tu respuesta.

____

Elige dos palabras del Vocabulario crítico y escribe una oración con cada una.

____

____

Nombre ______________________________

Ideas principales y secundarias

Algunos autores escriben para explicar o describir algo. Otros quieren convencer al lector de algo. En cualquier caso, el escritor quiere compartir una idea.

Los buenos escritores **apoyan,** o respaldan, sus ideas con razones y evidencias. Los autores usan diferentes tipos de razones y evidencias, como las siguientes:

- Los **hechos** son afirmaciones que son verdaderas y pueden probarse.
- Las **opiniones** indican lo que alguien cree o piensa que es verdadero. Las opiniones no pueden probarse.
- Los **ejemplos** se refieren a personas, cosas o sucesos que apoyan el argumento del autor.

Lee las páginas 61 y 62 y contesta las preguntas.

1. ¿Qué evidencia usa la autora para apoyar las ideas que presentó sobre los havasupai?

____

____

____

2. ¿Qué evidencia apoya la idea de que las capas de roca han estado en el sendero desde hace millones de años?

____

____

____

____

3. Escribe una oración que plantee un hecho. Luego, escribe una oración que plantee una opinión.

____

____

Nombre ______________________________

Prefijo inter–

El prefijo ***inter***– significa "entre" o "en medio".

Completa la red con palabras que contengan el prefijo *inter*–. Escribe el significado de cada palabra.

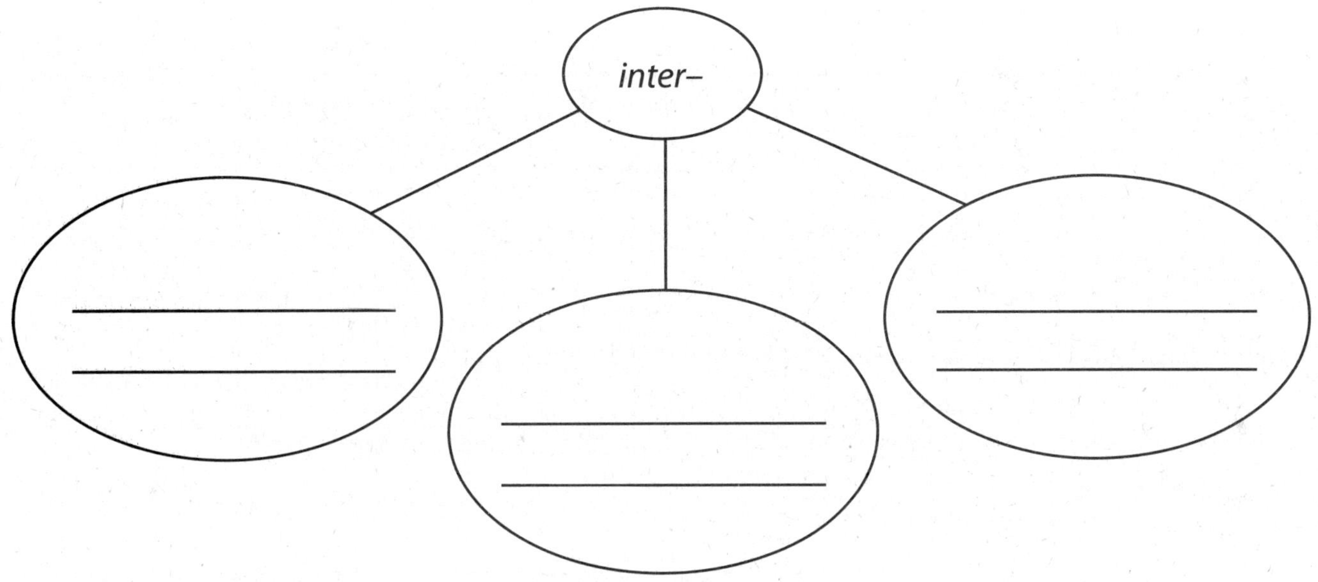

Escribe una oración para cada palabra de la red.

Nombre ____

Símil y metáfora

Los autores describen lugares o sucesos para que el lector pueda formarse una imagen mental de ellos. La imagen ayuda al lector a entender mejor un texto. A menudo, las descripciones comparan una cosa con otra que es más familiar para el lector. Los símiles y las metáforas son tipos de comparaciones.

	Lo que es	Ejemplo
símil	comparación que puede usar las palabras *tan* y *como* o solo *como*	• quieto como una estatua • tan caliente como un horno
metáfora	comparación sin *tan* y *como* o sin solo *como*; puede decir que una cosa es otra	• envuelto en una manta de sol • las serpientes ondulantes de las algas marinas

Lee la página 59 de *El Gran Cañón* y luego contesta la pregunta.

1. Identifica un ejemplo de símil o metáfora en esta página. ¿Qué se compara con este lenguaje figurado?

____

____

____

2. Escribe un ejemplo de un símil que usarías para describir algo relativo al Gran Cañón.

____

____

____

3. Escribe un ejemplo de una metáfora que usarías para describir algo relativo al Gran Cañón.

____

____

Nombre ______________________________

Prefijos *re-*, *des-*, *dis-* en palabras de varias sílabas

Lee cada oración. Identifica la palabra que incluye un prefijo y subráyala. Luego, escribe el prefijo y la palabra base en los espacios en blanco.

1. El atraco violento al carruaje fue un desafuero cometido en contra de la ley.

   Prefijo: ______________ Palabra base: ______________

2. Cada habitación tenía una decoración dispar, sin un tema en común.

   Prefijo: ______________ Palabra base: ______________

3. La maestra decidió restarnos un punto a todos por el desaseo de nuestro salón.

   Prefijo: ______________ Palabra base: ______________

4. La próxima semana es el reingreso a clases y no tengo hecha la tarea del verano.

   Prefijo: ______________ Palabra base: ______________

5. Había puntos de discordancia en el plan, debido a muchos elementos no compatibles.

   Prefijo: ______________ Palabra base: ______________

6. El maestro le dio un último aviso por la reincidencia de su mala conducta.

   Prefijo: ______________ Palabra base: ______________

7. Como su recinto es pequeño, van a realojar al gorila en otro zoológico.

   Prefijo: ______________ Palabra base: ______________

8. Las personas con algún tipo de discapacidad son muy talentosas en otros aspectos.

   Prefijo: ______________ Palabra base: ______________

9. Tras años sin hallar la solución, el detective al fin pudo desentrañar el misterio.

   Prefijo: ______________ Palabra base: ______________

10. Después de dos meses de estar cerrada, la tienda de juguetes va a reabrir mañana.

    Prefijo: ______________ Palabra base: ______________

Nombre ______________________________

Técnica del autor

Recuerde a los estudiantes que cuando un autor usa lenguaje descriptivo, apela a los sentidos del lector. Los autores también pueden usar detalles vívidos para ayudar al lector a visualizar lo que sucede en el texto. A esto se le conoce como la "voz" del autor o el estilo de escritura.

Lee las páginas 59 y 60 y luego contesta las preguntas.

1. En la página 59, ¿cuáles son dos ejemplos de cómo la autora usa lenguaje descriptivo y cómo ayuda esto al lector a visualizar el Gran Cañón?

____

____

____

____

____

2. En la página 60, ¿cómo usa la autora el lenguaje sensorial para ayudarte a visualizar lo que sucede en el texto?

____

____

____

____

____

____

____

Lee el párrafo 10 en la página 63 y luego contesta la pregunta.

3. ¿Qué palabras usa la autora para ayudarte a ver cómo actúan las lagartijas en el Cañón?

____

____

Nombre ______________________________

Sufijos -oso, -osa, -ado, -ada, -ción, -miento

Lee cada oración. Elige una palabra de la tabla para completar cada oración. Escribe la palabra en el espacio en blanco.

-oso, -osa	-ado, -ada	-ción	-miento
maravilloso	vertebrado	destrucción	conocimiento
amorosa	espaciada	solución	alejamiento
ingeniosa	agitado	dirección	almacenamiento

1. Un animal con espina dorsal es un ____________________.

2. La ____________________ causada por el incendio fue total.

3. La estudiante es muy ____________________ porque inventa muchas cosas.

4. Desde la montaña puedes ver un paisaje ____________________.

5. A última hora encontraron una ____________________ al problema.

6. El álgebra forma parte del ____________________ matemático.

7. La mercancía se descarga en la zona de ____________________.

8. La mamá fue muy ____________________ con su bebé recién nacido.

Nombre________________________________

Vocabulario crítico

Al hablar y escribir, puedes usar las palabras que aprendiste en la lectura.

Usa tu comprensión del Vocabulario crítico de *Rosana Tormenta* para apoyar tus respuestas a las siguientes preguntas.

1. ¿Qué podrías hacer para mostrar que algo te **complace**?

____

2. ¿Cómo cambia la **disposición** de Papo cuando Rosana canturrea la canción?

____

3. ¿Qué hizo Rosana después que **se apoderó** del **resplandor** de los rayos?

____

4. ¿Qué acciones muestran que Rosana es **ingeniosa**?

____

5. ¿Qué hizo Rosana para **confirmar** la captura de Jesse Baines y su banda?

____

6. ¿A qué llamarías **admirable**?

____

7. ¿Qué tipo de cosas pueden causar **devastación**?

____

8. ¿Qué lugares o cosas podrían mostrar **esplendor**? Explica tu respuesta.

____

Nombre ______________________________

Elige dos palabras del Vocabulario crítico y escribe una oración con cada una.

____

____

Nombre ____________________

Lenguaje figurado

Los escritores usan el **lenguaje figurado** para crear un efecto especial o hacer la escritura más interesante. Los autores seleccionan las palabras con cuidado para lograr propósitos específicos, como invocar un sentimiento o ser atractivo para los sentidos. La tabla muestra algunos tipos de lenguaje figurado que un autor podría usar.

Recurso	Lo que es	Ejemplo
hipérbole	una afirmación exagerada acerca de una persona o cosa que no se debe tomar literalmente	*Ese gallo es más grande que una granja y hace más ruido que una locomotora.*
palabras sensoriales	lenguaje que es atractivo para el sentido de vista, tacto, gusto, oído u olfato	*La superficie del estanque congelado era lisa y reluciente.*

Vuelve a leer los párrafos 10 a 12 de *Rosana Tormenta.*

1. ¿Qué significa la frase "roncó tanto que hizo retumbar las vigas del techo"?

____

____

____

2. ¿Qué tipo de lenguaje figurado es eso? Explica tu respuesta.

____

Vuelve a leer el párrafo 13 de *Rosana Tormenta.*

3. En el párrafo 13, ¿qué palabras sensoriales usa el autor para describir donde vive Rosana?

____

4. ¿A qué sentidos están dirigidas esas palabras?

____

____

Nombre ______________________________

Sufijos -oso, -osa, -ado, -ada, -ción, -miento

Lee cada pista y toma nota de las palabras base de la tabla. Elige una palabra de la tabla y combínala con el sufijo *-oso, -osa, -ado, -ada, -ción* o *-miento* de manera que coincida con la pista. Escribe tu respuesta en el espacio en blanco.

arcilla	alejar	destruir	conocer
agitar	maravilla	atender	enamorar

1. suelo con el que puedes formar una bola: ____________

2. pérdida o ruina total: ____________

3. una distancia entre dos cosas: ____________

4. persona que siente amor: ____________

5. información obtenida mediante el estudio: ____________

6. movido repetidamente: ____________

7. estupendo: ____________

8. concentración en algo: ____________

Lee cada oración. Completa la oración con la palabra correcta y escríbela en el espacio en blanco.

1. Un suelo seco color naranja puede ser ____________.
   maravilloso arcilloso

2. El terremoto causó mucha ____________ en el pueblo.
   destrucción atención

3. La lectura es una forma de adquirir ____________ sobre un tema.
   alejamiento conocimiento

4. Había muchas olas en la playa porque el mar estaba ____________.
   agitado enamorado

Nombre ______________________________

Sufijo -*ción*

Las palabras en el cuadro de abajo se usan en el cuento *Rosana Tormenta*.

Usa las siguientes palabras para completar las oraciones.

creación	dirección	canción	opción	devastación	sensación

1. Rosana dice que siente una ____________ de felicidad cuando habla con la tormenta.

2. Los tornados se calmaron con la ____________ de Rosana.

3. Los agitados vientos avanzaban hacia Rosana desde la ____________ opuesta.

4. Una cerca de alambre con nuditos fue su última ____________.

5. La tormenta feroz causó ____________ en el pueblo.

6. Consideró una ____________ tras otra antes de tomar una decisión.

Elige dos palabras del cuadro de arriba y escribe una oración con cada una.

____

____

____

____

Nombre ______________________________

Elementos literarios

Las diferentes partes que forman un cuento son los **elementos literarios**. La siguiente tabla muestra esos elementos clave.

Elemento literario	Lo que es	Lo que debo buscar
personajes	las personas y los animales en el cuento	• ¿Qué dice el personaje? • ¿Cómo piensa y actúa el personaje? • ¿Cómo interactúa el personaje con los demás? • ¿Cómo cambia el personaje?
ambiente	el tiempo y el lugar del cuento	• ¿Cuándo ocurre el cuento? • ¿Dónde ocurre el cuento? • ¿Qué efecto tienen el tiempo y el lugar históricos sobre la trama del cuento?

Lee la página 94 de *Rosana Tormenta* para contestar las siguientes preguntas.

1. ¿Cómo reacciona Rosana ante el avance de los tornados?

____

____

2. ¿Cómo se compara su reacción ante el avance del tornado con su reacción al confrontar la estampida de los bueyes anteriormente?

____

____

____

3. Haz una lista de palabras que describan el carácter de Rosana.

____

Nombre ______________________________

Adagios y proverbios

Los adagios y los proverbios son expresiones o dichos comunes que tienen significados más allá de lo que se puede comprender por las palabras individuales que los componen.

Un adagio es una afirmación breve que expresa una verdad general o un consejo.

Un proverbio es un dicho breve que usualmente tiene siglos de antigüedad. Afirma una verdad en base al sentido común o la experiencia.

Lee el párrafo 45 de *Rosana Tormenta* para contestar las siguientes preguntas.

1. ¿Qué significa el adagio "primero cae un rayo y después se oye el trueno, y ...después de llover siempre sale el sol" en este cuento fantástico?

____

____

____

____

____

2. ¿Por qué seleccionó el autor este adagio para el final de *Rosana Tormenta*?

____

____

____

3. Indica si estos dichos son adagios o proverbios. Encierra en un círculo tus respuestas.

Mira antes de cruzar.	adagio o proverbio
El reloj marca la medianoche.	adagio o proverbio
Siempre duerme lo suficiente.	adagio o proverbio
Al que madruga Dios lo ayuda.	adagio o proverbio
La ausencia aviva el amor.	adagio o proverbio

Nombre ______________________________

Sílabas con r suave (r)

Usa palabras de la lista a la derecha para completar las siguientes oraciones.

1. El rey se sentó en el ________________ para recibir a sus súbditos.

2. Las ________________ invadieron el pícnic y se llevaron pedacitos de comida.

3. La escasez de alimentos produjo una gran ________________ .

4. El menú de la ________________ era bastante extenso.

5. El presidente debe decidir asuntos ________________ .

6. Lo que más me gustó de la ________________ fue la montaña rusa.

7. El conjunto de letras de un idioma se llama ________________ .

8. Debes firmar el documento con ________________ , no con lápiz.

1. prisa
2. número
3. hormigas
4. sendero
5. importantes
6. jardines
7. armario
8. fueran
9. abecedario
10. abordar
11. hambruna
12. trono
13. bailarín
14. bolígrafo
15. cafetería
16. calamar
17. dardo
18. feria
19. viajeros
20. hilera

Nombre ____

Repasar el Vocabulario crítico

Al hablar y escribir, puedes usar las palabras que aprendiste en la lectura.

Usa tu comprensión del Vocabulario crítico de *En los días del rey Adobe* para apoyar tus respuestas a las siguientes preguntas.

1. ¿Por qué sería sorprendente que tu vecina **austera** fuera de compras cada día? Explica tu respuesta.

____

____

2. ¿Qué harías si tu tía te diera un regalo **generoso** por tu cumpleaños?

____

____

3. ¿Por qué te darían un premio por ser una persona de buena **naturaleza**? Explica tu respuesta.

____

____

4. ¿Te sorprendería que tu gatito encontrara **fascinante** una pelota de lana? Explica tu respuesta.

____

____

Elige dos palabras del Vocabulario crítico y escribe una oración con cada una.

____

____

Nombre ______________________________

Tema

Los cuentos de astucia y los cuentos tradicionales a menudo comparten un **tema**, un **mensaje** importante o una moraleja. A veces, este mensaje o moraleja se afirma al inicio o al final del cuento. Pero frecuentemente los lectores deben buscar pistas en el texto para identificar el tema.

Lee la página 107 de *En los días del rey Adobe* para contestar las siguientes preguntas.

1. ¿Cuál es el problema y cómo lo resuelve la anciana?

____

____

____

____

2. ¿Cuál es el mensaje o la moraleja que se debe aprender de este cuento de astucia popular?

____

____

3. ¿Qué detalles en el texto apoyan tu idea?

____

____

____

____

Nombre ______________________________

Sílabas con r suave (r)

Usa palabras de la lista a la derecha para completar las siguientes oraciones.

1. Una formación en línea es una ______________.
2. Los ______________ visitaron varios países en su gira.
3. El ______________ se usa para guardar ropa.
4. No puedo hablar ahora, corro ______________.
5. El ______________ salió al escenario y le aplaudieron.
6. En los ______________ había muchas flores y plantas ornamentales.
7. Durmieron al elefante con un ______________ tranquilizador.
8. El ______________ es un marisco muy delicioso.
9. En la clase de matemáticas aprendimos lo que es un ______________.
10. Fui a caminar por el ______________ que conduce al lago.

1. prisa
2. número
3. hormigas
4. sendero
5. importantes
6. jardines
7. armario
8. fueran
9. abecedario
10. abordar
11. hambruna
12. trono
13. bailarín
14. bolígrafo
15. cafetería
16. calamar
17. dardo
18. feria
19. viajeros
20. hilera

Nombre ______________________________

Vocabulario crítico

Al hablar o escribir, puedes usar las palabras que aprendiste en la lectura.

Usa tu comprensión del Vocabulario crítico de *Un par de timadores* para apoyar tus respuestas a las siguientes preguntas. Luego usa las palabras del Vocabulario crítico al comentar tus respuestas con un compañero.

1. Si una comida es **suculenta**, ¿cómo es?

____

____

2. Vimos un conejito, pero enseguida **se escabulló** entre los arbustos.
¿Qué hizo el conejito?

____

____

Elige dos palabras del Vocabulario crítico y escribe una oración con cada una.

____

____

Nombre ____

Lenguaje figurado

Los autores usan lenguaje que ayuda al lector a imaginarse una escena o a sentirse de cierta manera. También pueden usar recursos literarios como la aliteración o la asonancia, para conectar los sonidos del lenguaje con las ideas, o para crear frases que el lector recordará. La tabla muestra ejemplos de algunos tipos de lenguaje figurado que puede usar un autor.

Tipo de lenguaje	Lo que es	Ejemplos
aliteración	repetir el sonido inicial de las palabras	*Mi mamá me mima.*
asonancia	repetir el sonido de las vocales en las palabras	*Ni tiene a nadie que le atienda la tienda.*

Vuelve a leer la página 120 de *El cuervo y la langosta.*

1. ¿Cómo usa el autor la aliteración en el texto? ¿Por qué la usa?

____

____

____

____

2. ¿Cuál es una frase que contiene asonancia en la misma página? ¿Cómo lo sabes?

____

____

3. ¿Por qué repite el autor la aliteración de la página 120 al final del cuento?

____

____

4. Escribe una oración que contenga asonancia o aliteración.

____

Nombre ______________________________

Prefijos *mal-*, *pre-*, *dis-*

Usa lo que sabes sobre los prefijos *mal-, pre,* y *dis-* para contestar las siguientes preguntas. Luego usa las palabras subrayadas al comentar tus respuestas con un compañero.

1. ¿Cuál sería una manera de maleducar a tus hijos?

____

____

2. Si vas a una exposición de arte precolombino, ¿de qué época es el arte? Explica tu respuesta.

____

____

3. Si estás disconforme con algo, ¿cómo te sientes?

____

____

Elige dos palabras subrayadas y escribe una oración con cada una.

____

____

____

Nombre ____

Elementos literarios

Los elementos literarios son las partes que componen un cuento. Un elemento literario necesario para un cuento es un personaje, que puede ser una persona o un animal.

Vuelve a leer la página 117 de *El zorro y el cuervo* para contestar las siguientes preguntas.

1. ¿Qué tipo de personaje es Zorro? Da ejemplos del texto para apoyar tu respuesta.

____

____

2. ¿Cómo podría cambiar esta experiencia a Cuervo? ¿Por qué crees eso?

____

____

____

Vuelve a leer la página 118 de *El cuervo y la langosta* para contestar las siguientes preguntas.

3. ¿Quién es el timador? Explica tu respuesta.

____

____

4. ¿Qué te dice eso sobre Cuervo?

____

____

Nombre ______________________________

Sílabas con b y v

Las letras *b* y *v* representan el mismo sonido /b/. Completa las palabras de la tabla con *b* o *v*.

...elleza	chi...o	fá...rica	...osque
...erdura	ca...allo	ár...ol	ad...ertencia
em...otellar	...entana	a...anzar	diminuti...o

Completa las siguientes oraciones con palabras de la tabla.

1. En el ______________ hay mucha vegetación.
2. Las ramas del ______________ daban una sombra refrescante.
3. El niño soñaba con montar a ______________.
4. La ______________ producía todo con robots.
5. La ______________ del hermoso paisaje inspiró al pintor.
6. Visitaron una planta de ______________ refrescos.

Nombre ______________________________

Vocabulario crítico

Al hablar y escribir, puedes usar las palabras que aprendiste en la lectura.

Usa tu comprensión del Vocabulario crítico de *Diez soles* para apoyar tus respuestas a las siguientes preguntas. Luego usa las palabras del Vocabulario crítico al comentar tus respuestas con un compañero.

1. ¿Cuándo le has mostrado **gratitud** a alguien?

____

2. Si las flores que compraste **se marchitaron**, ¿se las darías a un amigo? Explica tu respuesta.

____

3. ¿Qué sentirías si tocas algo que está **ardiente**?

____

4. ¿Qué comportamiento consideras **imprudente**?

____

5. Imagina que alguien **supuso** algo. ¿Qué otra cosa hubiera podido hacer en lugar de suponer?

____

6. ¿Cómo te sentirías si tuvieras **prosperidad**?

____

Elige dos palabras del Vocabulario crítico y escribe una oración con cada una.

____

Nombre ____________________

Características del texto y elementos gráficos

Lee las páginas 134 y 135 de *Diez Soles* y mira la versión en video para contestar las siguientes preguntas.

1. ¿Cómo coincide la ilustración con la descripción de Hu Yi?

2. ¿Cómo está representado este personaje en el video *Diez soles*?

3. ¿Qué descripción de Yi da el narrador del video?

Nombre ______________________________

Sufijos -dad,-ura

Completa la tabla con palabras que contengan los sufijos *-dad* o *-ura*.

-dad	*-ura*

Escribe una oración con cada palabra de la tabla.

Nombre ______________________________

Técnicas de medios

Los métodos usados para contar una historia en video se llaman **técnicas de medios**. Los productores seleccionan y combinan diversas técnicas para crear los efectos que mejor relaten la historia.

Técnica	Lo que es
sonido	voces, música y otros efectos sonoros
voz superpuesta	la voz de un narrador invisible que relata la historia
elementos visuales	todos los tipos de imágenes que ve el espectador
acción en vivo	actividad de personas y animales reales que forman parte de la acción
animación	una serie de dibujos o modelos que parecen moverse
imagen fija	una sola imagen o dibujo que no se mueve

Cuando mires un video, piensa en las técnicas que usó el productor y cómo ayudan al espectador a identificar y comprender ideas importantes.

Lee las páginas 138 y 139 de *Diez soles* y mira la versión en video para contestar las preguntas de abajo.

1. ¿En qué se diferencian las ilustraciones en el video y las del texto?

____

____

2. ¿De qué manera los efectos de sonido y los elementos visuales realzan el cuento?

____

____

3. ¿Cómo se compara el video con la versión impresa de este cuento? ¿En qué se parecen?

____

4. ¿En qué se diferencian?

____

____

____

____

Nombre ______________________________

Sílabas con *b* y *v*

Lee las palabras de la tabla. ¿Qué tienen en común?

palabra	ambiente	baba	derribar
biólogo	libros	brillantes	deslumbrante
microbios	hombre	débil	fabuloso

Completa las siguientes oraciones con palabras de la tabla.

1. Los ________________ pueden causar enfermedades.
2. El maestro había leído muchos ________________.
3. El ________________ ha evolucionado a lo largo de millones de años.
4. El sol daba un brillo ________________ que nublaba la vista.
5. El ________________ estudiaba los animales del bosque.
6. Esa caja está muy ________________ para sujetar tanto peso.
7. Tomaron la decisión de ________________ el edificio inseguro.
8. El lugar y el tiempo de un cuento es el ________________.
9. La ________________ de los caracoles me da asco.
10. Las estrellas emiten luces ________________ en el cielo de noche.

Nombre ______________________________

Elementos literarios

Los elementos literarios incluyen los personajes, el ambiente, la trama y los acontecimientos de un cuento.

Lee las páginas 130 a 133 de *Diez soles* para contestar las siguientes preguntas.

1. ¿Por qué decidieron cambiar los niños su rutina de caminar a través del cielo?

____

____

____

2. ¿Por qué se levantan temprano los niños?

____

____

____

3. ¿Qué problemas causan las acciones de los niños?

____

____

____

4. ¿Por qué hay diez soles en el cielo?

____

____

____

Nombre ______________________________

La diéresis: sílabas *güe, güi*

La **diéresis** es un signo de puntuación que consiste de dos puntos que se colocan horizontalmente sobre la vocal *u* en las sílabas *gue* y *gui,* para indicar que la vocal debe pronunciarse.

Lee las palabras y determina si la diéresis es necesaria. Escribe la palabra correctamente en el espacio en blanco.

1. pedigueño ______________

2. guiso ______________

3. zarigueya ______________

4. pinguino ______________

5. averiguemos ______________

6. hamburguesa ______________

7. desague ______________

8. guerrilla ______________

9. verguenza ______________

10. guero ______________

11. antiguedad ______________

12. bilingue ______________

13. nicaraguense ______________

14. unguento ______________

15. linguística ______________

16. merengue ______________

17. piraguismo ______________

18. guitarra ______________

19. lengueta ______________

20. guion ______________

Nombre ______________________________

Vocabulario crítico

Al hablar y escribir, puedes usar las palabras que aprendiste en la lectura.

Usa tu comprensión del Vocabulario crítico para completar las siguientes oraciones.

1. Las linternas son **útiles** cuando no hay ______________________.
2. El concreto es una superficie **artificial** porque ______________________.
3. Fue difícil mantenerse **hidratado** ayer porque ______________________.
4. Los niños **transportaron** las golosinas al picnic en las ______________________.
5. Usamos platos y vasos **descartables** porque ______________________.
6. Una manera de **evaluar** lo que se necesita para un viaje es ______________________.
7. El artículo tuvo gran **impacto** porque ______________________.

Elige dos palabras del Vocabulario crítico y escribe una oración con cada una.

____

____

Nombre ____________________

Propósito del autor

El propósito del autor es la razón por la que escribe. Saber el propósito del autor te ayuda a identificar lo que se propone el autor. Para identificar el propósito del autor, pregúntate: "¿Escribe el autor para informar, entretener o persuadir al lector?"

Vuelve a leer la página 158 de *Comida ecológica*. Luego contesta las siguientes preguntas.

1. ¿Para quién crees que escribe el autor este texto?

____

2. ¿Qué quiere el autor que hagan los lectores? Apoya tu respuesta con evidencia.

____

____

____

Vuelve a leer el segundo párrafo de la página 161 de *Comida ecológica*. Luego contesta las siguientes preguntas.

3. ¿A quién quiere informar el autor? ¿De qué quiere persuadir a los lectores?

____

____

4. ¿Qué razones ofrece el autor para persuadir a los lectores?

____

____

Vuelve a leer la página 158 de *Comida ecológica*. Luego contesta las siguientes preguntas.

5. ¿Cuál es el propósito del autor en este texto?

____

____

6. ¿Qué es lo que quiere el autor que hagan los lectores después de leer este texto?

____

____

Nombre ____

La diéresis: sílabas güe, güi

La **diéresis** es un signo de puntuación que consiste de dos puntos que se colocan horizontalmente sobre la vocal *u* en las sílabas *gue* y *gui* para indicar que se debe pronunciar la *u*.

Completa las siguientes palabras con *güe, güi, gue* o *gui*.

desa______	anti______dad	______sante	pira______smo
ver______nza	bilin______	nicara______nse	pin______no
______rrerro	un______nto	lin______stica	len______ta

Completa cada oración con una palabra de la tabla.

1. El ____________________ del baño está tupido.
2. Le recetaron un ____________________ para aliviar la quemadura.
3. Si hablas dos idiomas, eres ____________________.
4. El ____________________ es un ave que no vuela.
5. La ____________________ es el estudio de los idiomas y las palabras.
6. En la ____________________ se creía que la Tierra era plana.
7. Nunca sentí tanta ____________________ como el día que me caí en un charco.
8. A mi hermano le encanta el deporte acuático y practica el ____________________.
9. Una ____________________ es una parte de un zapato.
10. El paisaje ____________________es uno de los más hermosos de Centroamérica.

Nombre ______________________________

Raíces del latín port, dict

La palabra ***transportado*** contiene la raíz ***port*** que significa "cargar".
La palabra ***dictar*** contiene la raíz ***dict*** que significa "hablar".

Completa la tabla con otras palabras que contengan las raíces *port* o *dict*.

port	*dict*

Elige cuatro palabras de la tabla y escribe una oración con cada una.

____

____

____

____

Nombre ______________________________

Ideas principales y secundarias

Cuando los autores presentan ideas y afirmaciones, las apoyan con hechos, razones y otra evidencia. Puedes evaluar la manera en que un autor apoya una idea o afirmación al determinar qué afirmaciones son hechos y cuáles son opiniones. Para determinarlo, lee cada afirmación y pregúntate: "¿Puedo comprobar que esto es verdad?"

Vuelve a leer la lista de ventajas y desventajas en la página 160 de *Comida ecológica*. Luego contesta las siguientes preguntas.

1. ¿Qué afirmación se hace sobre estos alimentos?

____

2. ¿Qué evidencia usa el autor para apoyar esta afirmación?

____

____

3. ¿Qué evidencia usa el autor para argumentar en contra de la afirmación?

____

Vuelve a leer el párrafo 10 de la página 162 de *Comida ecológica*. Luego contesta las siguientes preguntas.

4. ¿Qué es lo que quiere el autor que los lectores comprendan sobre cultivar alimentos?

____

5. ¿Cuál es una razón que ofrece el autor para apoyar esta afirmación?

____

____

Nombre ______________________________

Características del texto y elementos gráficos

Los autores de textos informativos frecuentemente usan las características del texto y los elementos gráficos como ayuda para organizar la información, recalcar las ideas clave y ayudar a los lectores a comprender el texto. Usa las palabras en negrita, los encabezados, las fotografías, los diagramas, las tablas y las gráficas del texto como ayuda para comprender las ideas clave del texto.

Contesta las siguientes preguntas sobre el primer párrafo y la barra lateral de la página 161 de *Comida ecológica*.

1. ¿Qué afirmación hace el autor sobre las bebidas envasadas?

____

2. ¿Cómo apoya la información de la barra lateral la afirmación del autor?

____

____

____

Observa los diagramas en la página 163 para contestar las siguientes preguntas.

3. ¿Por qué está numerado el texto de la página 163?

____

____

4. ¿Qué muestran los diagramas?

____

5. ¿Por qué crees que el autor incluyó estos elementos gráficos?

____

6. ¿Dé que te sirven los diagramas para comprender mejor lo que es un huerto de barriles?

____

Nombre ______________________________

Sílabas con *j* y *x*

En algunos casos, las letras *j* y *x* representan el mismo sonido /j/. Como ejemplo, observa los nombres Xavier y Javier, los cuales se pronuncian con /j/, a pesar de que se escriben diferentemente.

Completa las siguientes palabras con *j* o *x*.

me___icano	pere___il	Oa___aca	traba___o
me___icanista	me___or	___ardinería	___óvenes
___unto	le___os	agu___eros	cerro___o

Completa cada oración con una palabra de la tabla.

1. El ______________________ se usa para aderezar muchas comidas.
2. El rastrillo es una herramienta esencial para la ______________________.
3. Nos costó mucho ______________________ llegar a la cima de la montaña.
4. La camiseta estaba muy gastada y tenía varios ______________________.
5. Debes poner el ______________________ si no quieres que entre nadie.
6. Diego Rivera es un pintor ______________________.
7. El último cantante superó a todos; fue el ______________________.
8. El planeta Júpiter está muy ______________________ de la Tierra.
9. El parque estaba ______________________, o adyacente, a la escuela.
10. ______________________ es una ciudad conocida por sus edificios coloniales.

Nombre ______________________________

Vocabulario crítico

Al hablar o escribir, puedes usar las palabras que aprendiste en la lectura.

Usa tu comprensión del Vocabulario crítico para completar las redes de palabras. En el óvalo central, escribe una palabra del Vocabulario crítico. Luego en los óvalos a su alrededor, escribe palabras y frases que estén relacionadas con esa palabra. Comenta tus redes de palabras con un compañero.

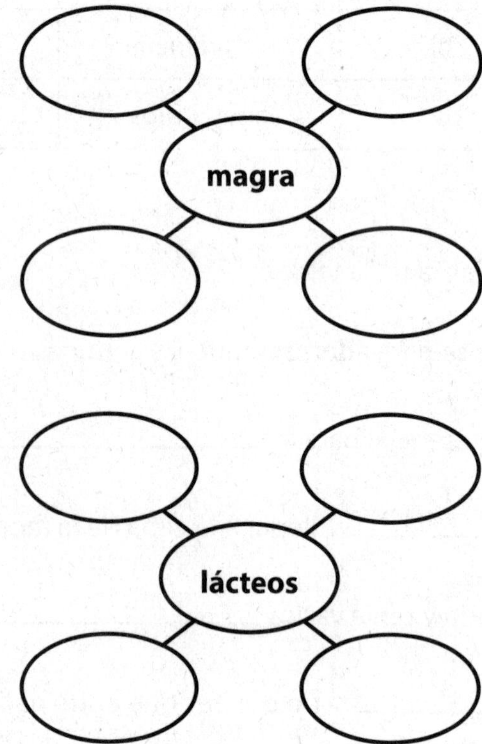

Escribe una oración con cada palabra del Vocabulario crítico.

____

____

Nombre ______________________________

Técnicas de medios

Las técnicas de medios incluyen elementos visuales como escenas de acción, vistas en primer plano y gráficos. Los elementos de sonido incluyen la narración. La narración es una parte importante de un video informativo. El narrador debe ser un experto o alguien que conozca bien el tema para asegurar que el espectador reciba la información correcta.

Repasa los elementos visuales en el video. Luego contesta las siguientes preguntas.

1. ¿Cómo te ayudan los gráficos de torta a comprender mejor el video?

____

____

2. ¿Quién supones es el narrador del video?

____

____

Vuelve a mirar el video *Mi plato*. Luego contesta las siguientes preguntas.

4. ¿Qué es lo que afirma el narrador sobre lo que compone un plato saludable?

____

____

5. ¿Qué tipo de leche aconseja el narrador que tomes?

____

____

Nombre ______________________________

Sílabas con *j* y x

En algunos casos, las letras *j* y *x* representan el mismo sonido /j/. Como ejemplo, observa los nombres Xavier y Javier, los cuales se pronuncian con /j/, a pesar de que se escriben diferentemente.

Lee las palabras con *x* en la tabla. Encierra en un círculo las que se pronuncian con /j/.

mexicano	taxi	Oaxaca	auxilio
mexicanista	Texas	mexiquense	tórax
examen	Mexicali	exacto	mexicanismo

Completa cada oración con una de las siguientes palabras con *j*: *jóvenes, carruaje, fijar, dejar, arrojan, jugo, caja y abajo.*

1. Se rompió la rueda del ____________________ cuando tropezó con una piedra.

2. Mi abuelo dice que los videojuegos son para los ____________________.

3. No sé cuando me van a ____________________ ir solo al cine otra vez.

4. Mi ____________________ preferido es el de naranja.

5. Tengo que empaquetar los regalos en una ____________________ grande.

6. Todos se deben ____________________ en las instrucciones antes de empezar.

7. Los niños ____________________ piedras al agua para que reboten sobre la superficie.

8. La tienda estaba ____________________ y la vivienda arriba.

Nombre ______________________________

Vocabulario crítico

Al hablar y escribir, puedes usar las palabras que aprendiste en la lectura.

Usa tu comprensión de las palabras del Vocabulario crítico para indicar qué oración refleja mejor el significado de la palabra en letra negrita. Escribe correcto al lado de oración que elegiste.

1. **plaga** Esos ratoncitos son monísimos.

   Los ratones entraron en la casa y se comieron nuestro cereal.

2. **comestibles** Estos hongos están deliciosos.

   Estos hongos son venenosos.

3. **prohibidas** Siempre me como una manzana en la merienda.

   No me dejan comer golosinas azucaradas antes de la cena.

4. **postura** Algunas personas tienen opiniones firmes sobre los alimentos que comen.

   A algunas personas les gusta ver programas de cocina en la televisión.

Elige dos palabras del Vocabulario crítico y escribe una oración con cada una.

____

____

Nombre ______________________________

Idea principal

La idea principal de un texto es lo que el lector debe recordar mayormente de la lectura. Los lectores evalúan los detalles para determinar las ideas clave. Los detalles de apoyo son los hechos, ejemplos y otra evidencia que explican la idea principal. Los autores organizan los detalles de apoyo según la razón por la que escriben.

Vuelve a leer la sección titulada "Los insectos son buenos para el cuerpo" en la página 178 de *Bocadito de insectos* para contestar las preguntas 1 a 3.

1. ¿Cuál es la idea principal de esta sección?

____

____

2. ¿Cuáles son dos detalles que apoyan la idea principal?

____

____

3. ¿Cómo organiza el autor los detalles es esta sección?

____

____

____

Nombre ______________________________

Prefijos *sub-*, *mono-*

Completa la tabla con palabras que contengan los prefijos *sub-* y *mono-*.

sub-	*mono-*
______________	______________
______________	______________
______________	______________

Elige cuatro palabras de la tabla y escribe una oración con cada una.

____

____

____

____

Nombre ______________________________

Ideas principales y secundarias

En un texto argumentativo, el autor hace una afirmación. El autor proporciona hechos y ejemplos para probar que la afirmación es verdad. A veces un autor incluye una opinión. La opinión expresa lo que el autor piensa o siente sobre un tema, pero no se puede probar que es verdad. No se incluyen hechos o ejemplos para apoyar la opinión.

Vuelve a leer los párrafos 5 y 6 de la página 177 para contestar las preguntas.

1. ¿Qué afirmación hace el autor?

____

2. ¿Qué detalles o ejemplos ofrece el autor para apoyar esta afirmación?

____

____

____

____

Vuelve a leer la página 180 para contestar las preguntas.

3. ¿Expresa el autor una opinión esta sección? ¿Cómo lo sabes?

____

____

____

4. En tu opinión, ¿a qué lectores se dirige el autor al escribir este texto? ¿Cómo lo sabes?

____

____

____

____

Nombre ____

Sílabas con c, s, z

Frecuentemente, las letras *c, s* y *z* representan el mismo sonido /s/. Recuerda que la *c* puede representar el sonido /k/ también.

Lee las palabras con *c, s* y *z* en la tabla. Subraya todas las letras que se pronuncian con /s/.

escasez	comienzan	ingresa	tercer
chispazo	acordarse	hospitalización	sacar
veces	celos	aceitoso	desaparezca

Completa cada oración con una de las palabras de la tabla.

1. Hubo una ____________________ de agua potable después del huracán.
2. Cuando el cable tocó la batería del carro, se produjo un ____________________.
3. Ella vio la película nueva no sé cuántas ____________________.
4. Su enfermedad requiere una ____________________ inmediata.
5. Después del derrame de petróleo en la costa, el mar quedó ____________________.
6. Cómete una lasca del jamón ahora antes de que ____________________.
7. Debo ____________________ una buena nota para aprobar el curso.
8. Si el recluta ____________________ en el ejército, debe pasar un examen médico.

Nombre ______________________________

Vocabulario crítico

Al hablar y escribir, puedes usar las palabras que aprendiste en la lectura.

Usa tu comprensión del Vocabulario crítico de *La sartén por el mango* para apoyar tus respuestas a las siguientes preguntas. Luego usa las palabras del vocabulario crítico al comentar tus respuestas con un compañero.

1. ¿Por qué está Martina preocupada por sus conocimientos **culinarios**?

____

2. ¿Qué dejó **anonadada** a Martina al inicio del cuento?

____

3. ¿Por qué podría haber estado **desanimada** Martina después del concurso?

____

4. ¿Qué receta había **optado** por hacer Martina para la final del concurso?

____

5. ¿Qué dice Joey "sin ánimo de **ofender**" a Martina?

____

6. ¿Qué delicias hace Martina que quedan **suculentas**?

____

7. ¿Cómo **reaccionó** Martina cuando vio los ingredientes en la bolsa?

____

Elige dos palabras del Vocabulario crítico y escribe una oración con cada una.

____

Nombre ______________________________

Características del texto y elementos gráficos

Las **características del texto** pueden señalar partes importantes de un cuento. Un autor puede usar diferentes tipos de tipografía y puntuación para comunicar algo importante o captar la atención del lector.

Los **elementos gráficos** son elementos visuales como ilustraciones, diagramas, mapas y globos de diálogo que ayudan a explicar ideas en un texto. En los cuentos, los elementos gráficos pueden proporcionar detalles adicionales que no fueron dados al lector en el texto escrito.

Contesta las siguientes preguntas sobre las páginas 191 y 192 de *La sartén por el mango.*

1. ¿Qué notas sobre la puntuación en esas páginas? ¿Qué contribuye al cuento?

____

____

2. ¿Cómo te ayudan las ilustraciones a comprender mejor el cuento?

____

____

____

Contesta las preguntas sobre la página 194 de *La sartén por el mango.*

3. Lee los ingredientes para la receta. ¿Qué plato se prepara con esta receta? ¿De qué consiste mayormente el plato?

____

4. ¿Cómo te ayudan las ilustraciones a comprender mejor la receta?

____

Nombre ______________________________

Raíces del griego *metro, termo, fono, tele*

Completa la tabla con palabras que contengan las raíces del griego *termo* y *tele*. Subraya otras raíces griegas que se combinan con estas para formar nuevas palabras.

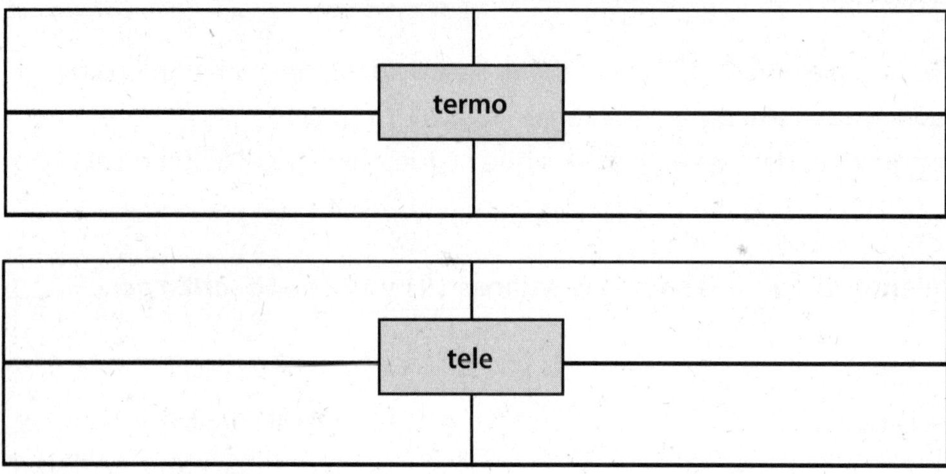

Elige cuatro palabras de la tabla y escribe la definición y una oración para cada una.

____

____

____

____

Nombre ______________________________

Expresiones idiomáticas

Una **expresión idiomática** es una frase que significa algo diferente de lo que significan las palabras individuales que la componen. Las expresiones idiomáticas pueden añadirle interés a un cuento o un texto.

Ejemplos: *ver las estrellas; meter la pata; dar en el clavo*

Contesta la siguiente pregunta sobre la página 187 de *La sartén por el mango*.

1. Vuelve a leer el párrafo 3. ¿Qué quiere decir Avani cuando usa la expresión idiomática "tienes la sartén por el mango"?

____

____

Contesta las preguntas sobre los párrafos 6 y 10 de la página 188 del cuento.

2. ¿Qué significa la expresión idiomática "estoy frita"?

____

3. ¿Qué pistas en el texto te ayudan a comprender la expresión idiomática?

____

____

4. ¿Qué significa la expresión idiomática "era para chuparse los dedos"?

____

____

Contesta la pregunta sobre el párrafo 22 de la página 190 del cuento.

5. ¿Qué significa la expresión idiomática "llevo la cocina en mis genes"?

____

____

Nombre ____

Sílabas con c, s, z

Frecuentemente, las letras *c, s* y *z* representan el mismo sonido /s/. Recuerda que la *c* puede representar el sonido /k/ también.

Lee las palabras con *c, s* y *z* en la tabla. Encierra en un círculo las palabras que no tengan el sonido /k/.

sabroso	comienzan	absurdo	tercer
seguía	acordarse	sábana	fuerza
hacerlo	celos	acabarse	hacía

Completa cada oración con una de las palabras de la tabla.

1. Es un cuento ____________________; toda su lógica es retorcida.
2. Una tela para cubrir la cama es una ____________________.
3. Le gustó mucho el pastel porque estaba muy ____________________.
4. Tiene tanta ____________________ que puede levantar cien libras.
5. Tenía ____________________ de su nuevo hermanito por toda la atención que le daban.
6. No anotó las primeras dos veces, pero sí en el ____________________ intento.
7. Los primeros brotes del azafrán ____________________ a salir en marzo.
8. El soldado ____________________ las órdenes al pie de la letra.
9. Al ____________________ el concierto, aplaudí por varios minutos.
10. Resultó imposible ____________________ de todos los detalles.
11. No hubo manera de ____________________ según estaba dispuesto.
12. Las tortas que ____________________ mi abuelita no se pueden mejorar.

Nombre ___________________________

Punto de vista

Cuando lees un cuento, debes identificar quién es el **narrador** o el cuentista, es decir, la persona que relata el cuento. También es importante saber desde qué **punto de vista** se relatan los acontecimientos. ¡Es necesario saberlo porque diferentes personas pueden relatar el mismo cuento de distintas maneras!

En su mayoría, los cuentos se relatan desde el punto de vista de la primera o la tercera persona.

Punto de vista de la primera persona **El narrador . . .**	**Punto de vista de la tercera persona** **El narrador . . .**
es un personaje que figura en el cuento.	es alguien que no figura en el cuento.
cuenta sus propios pensamientos y sentimientos.	cuenta los pensamientos y sentimientos de los demás.
usa pronombres como *yo, mí, mi, me, mío, mía* y *nosotros.*	usa pronombres como *él, ella, su, suyo, suya, ellos, ellas, suyos* y *suyas.*

Contesta las siguientes preguntas sobre la página 187 de *La sartén por el mango*.

1. Vuelve a leer el párrafo 1. ¿Desde qué punto de vista se cuenta el párrafo 1?

____

2. ¿Por qué escribe el autor el cuento desde el punto de vista de la tercera persona?

____

____

Contesta las preguntas sobre la página 193 de *La sartén por el mango*.

3. ¿Qué añaden los personajes a la trama del cuento?

____

____

Nombre ____

Sílabas abiertas con *x*

La letra *x*, en la gran mayoría de los casos, representa el sonido /ks/, ya sea si ocurre al inicio o en el medio de una palabra. Las sílabas abiertas con *x* terminan en una vocal.

Lee las palabras de la tabla. Identifica las sílabas abiertas con x y subráyalas.

aproximar	flexible	exacto	taxi
auxilio	máximo	galaxia	oxígeno
exageración	anexa	inexacto	examen

Completa cada oración con una palabra de la tabla que tenga una sílaba subrayada.

1. Nos podemos ____________________ a la feria por una vía menos congestionada.
2. Varios estudiantes obtuvieron calificaciones superiores en el ____________________.
3. Mi mamá prefiere trabajar en casa con un horario ____________________.
4. Esta silla fue diseñada para soportar un peso ____________________ de doscientas libras.
5. Los bomberos se apresuraron a dar ____________________ a las personas que corrían peligro.
6. La prueba de matemáticas incluirá una hoja ____________________ para desarrollar las operaciones.
7. Es una ____________________ decir que nunca llueve en las zonas áridas.
8. El agua está formada por dos moléculas de hidrógeno y una de ____________________.
9. Cada ____________________ contiene millones de estrellas y planetas.
10. Decidimos tomar un ____________________ para llegar a tiempo a la función de teatro.

Nombre ______________________________

Vocabulario crítico

Al hablar y escribir, puedes usar las palabras que aprendiste en la lectura.

Usa tu comprensión de las palabras del Vocabulario crítico para apoyar tus respuestas a las siguientes preguntas.

1. Un significado de la palabra **oasis** es un estanque de agua en el desierto. ¿Cómo se relaciona este significado con un parque en una ciudad contaminada?

____

____

2. ¿Para qué tipo de proyecto necesitarías **autorización** del director de la escuela?

____

____

3. ¿Por qué algunas personas **instalan** cosas en un lugar **abandonado**?

____

____

4. Si pudieras elegir una actividad para realizarla con **frecuencia**, ¿qué elegirías y por qué?

____

____

5. ¿En qué tipo de actividad podría ser **autosuficiente** alguien de tu misma edad?

____

____

Elige dos palabras del Vocabulario crítico y escribe una oración con cada una. Incluye un sinónimo o un antónimo para cada una de esas palabras.

____

____

Nombre ______________________________

Características del texto y elementos gráficos

En una novela gráfica, el texto se usa tanto para la narración como para los diálogos. Los elementos visuales, como los diagramas y las ilustraciones, ayudan a explicar las ideas del texto.

Contesta las preguntas sobre la página 224 de *Luz se ilumina.*

1. ¿Qué texto de la página es narración?

____

2. ¿Qué propósito cumple esta narración en el cuento?

____

3. ¿Qué propósito cumplen los dibujos y los globos de diálogo en esta parte del cuento?

____

____

Contesta la pregunta sobre la página 233 de *Luz se ilumina.*

4. ¿De qué tres maneras diferentes se usa el texto en esta página?

____

____

____

Nombre ____________________

Sílabas cerradas con *x*

La letra *x*, en la gran mayoría de los casos, representa el sonido /ks/, ya sea si ocurre al inicio o en el medio de una palabra. Las sílabas cerradas con *x* terminan en una consonante.

Lee las palabras de la tabla. Identifica las sílabas cerradas con *x* y subráyalas.

extrañas	excelente	exacto	extenso
existen	excavación	inexplicable	excesivo
experto	hexágono	expresión	tóxico

Completa cada oración con una palabra de la tabla que tenga una sílaba subrayada.

1. Los caballos ______________, pero los unicornios son míticos.
2. Dime si echas de menos a tus abuelos; dime si los ______________.
3. Tras muchos años de estudio, se hizo ______________ en la materia.
4. La ______________ del sitio arqueológico duró varios años.
5. Todos lo quieren porque es una persona ______________.
6. Para obtener las medidas precisas, tuvieron que hacer un cálculo ______________.
7. Sin contar el de Alaska, el territorio de Texas es el más ______________ de todo Estados Unidos.
8. Para muchos, la extinción de los dinosaurios sigue siendo un suceso ______________.
9. El precio del boleto fue ______________ y, por eso, el teatro estaba casi vacío.
10. Esa ______________ idiomática es muy común en nuestro país.

Nombre ______________________________

Sufijos -*able*, -*ible*

Los sufijos -*ible* y -*able* significan "capaz de" o "con posibilidades de" hacer o ser algo. Se usan muy frecuentemente en las palabras en español, comúnmente al final de verbos, como *desmontar* y *permitir*.

Completa la tabla con palabras que contengan el sufijo -*ible* o -*able*.

-*ible*	-*able*

Determina la palabra con sufijo -*able* o -*ible* para cada verbo. Escribe una oración para cada una de esas palabras con sufijo -*able* o –*ible*.

1. transportar:

____

2. temer:

____

3. aceptar:

____

4. sumergir:

____

5. lavar:

____

Nombre ______________________________

Tema

Conocer el tema te ayuda a entender el mensaje principal, la lección o la moraleja del texto.

Contesta las preguntas sobre la página 216 de *Luz se ilumina*.

1. ¿De qué manera Luz quiere cambiar el terreno abandonado?

____

____

2. ¿Qué puedes inferir sobre el tema del cuento a partir de la afirmación de Luz?

____

____

Contesta las preguntas sobre la página 238 de *Luz se ilumina*.

3. A partir de las palabras de Luz, ¿cuál crees que es un tema del cuento?

____

____

4. ¿Cómo conocer el tema te ayuda a comprender mejor los acontecimientos del cuento?

____

____

____

Nombre ______________________________

Expresiones idiomáticas

Una expresión idiomática es un tipo de expresión frecuente. Una expresión idiomática significa algo distinto del significado de sus palabras individuales.

Saber identificar las expresiones idiomáticas te ayuda a entender mejor lo que ha escrito el autor.

Contesta las preguntas sobre la expresión idiomática de la página 223 de *Luz se ilumina*.

1. ¿Qué significa la expresión idiomática "estoy soñando despierta"?

____

____

2. ¿Qué pistas en el texto te ayudan a comprender la expresión idiomática?

____

____

Contesta las preguntas sobre la expresión idiomática de la página 229 de *Luz se ilumina*.

3. ¿Qué quiere decir Robert cuando dice "¡Al contrario!"?

____

____

4. ¿Qué pistas en el texto te ayudan a comprender la expresión idiomática?

____

____

Nombre ________________________________

Hiatos

El **hiato** es una secuencia de dos vocales que no pertenecen a la misma sílaba. Los hiatos formados por dos vocales fuertes o dos vocales iguales se acentúan ortográficamente de acuerdo con la regla general de las palabras agudas, graves, esdrújulas y sobresdrújulas.

Ejemplos: dos vocales fuertes: *ca-er, pe-tró-le-o*; dos vocales iguales: *co-or-di-na-dor; le-er.* Los hiatos formados por una vocal débil acentuada y una vocal fuerte, o viceversa, no se acentúan de acuerdo con la regla general. Se le pone la tilde a la vocal débil para romper el diptongo, sin importar si es palabra aguda, grave o esdrújula. Ejemplos: *ac-tú-an; ra-í-ces.*

Divide en sílabas las siguientes palabras y coloca una tilde en las que le corresponda.

1. policia ____________
2. marea ____________
3. canoa ____________
4. aldeanos ____________
5. videos ____________
6. aereo ____________
7. rodeados ____________
8. leelo ____________
9. rio ____________
10. tarea ____________
11. sonria ____________
12. baul ____________
13. reid ____________
14. aseado ____________
15. oleada ____________
16. poema ____________
17. dias ____________
18. correo ____________
19. transeuntes ____________
20. caos ____________

Nombre ___________________________

Vocabulario crítico

Al hablar y escribir, puedes usar las palabras que aprendiste en la lectura.

Usa tu comprensión de las palabras del Vocabulario crítico para apoyar tus respuestas a las siguientes preguntas.

1. ¿Con qué podría estar **obsesionada** una persona? ¿Por qué?

____

____

2. Si tú y tus amigos reúnen una suma **considerable** para formar una banda, ¿cuánto dinero tendrían?

____

____

3. Si ves una puerta con un letrero que indica "**Reclutando** para el Ejército", ¿qué podría esperar alguien que entra ahí?

____

____

4. ¿Qué crees que debe hacer el equipo de **patrullaje** en un campamento escolar?

____

____

5. ¿Por qué crees que algunas criaturas marinas **se desorientan** e, incluso, alguna de ellas puede quedar **varada** en la playa?

____

____

Nombre ______________________________________

Lenguaje figurado

Cuando los autores usan **lenguaje figurado,** usan palabras y frases que significan algo más que las definiciones estrictas de los diccionarios. Los autores usan lenguaje figurado

- para hacer más interesante su escritura;
- para ayudar al lector a crearse una imagen en su mente.

	Lo que es	Ejemplos
Lenguaje sensorial	Palabras que expresan cómo luce, suena, se siente, sabe o huele algo	la cola gruesa de una tortuga la seca y blanda arena
Símil	Comparar dos cosas usando las palabras *tan* y *como* o solo *como*	El chico aterrado se quedó quieto *como* una estatua. Este caracol es *tan* suave *como* el cristal.
Metáfora	Comparar dos cosas sin usar las palabras *tanto como* o solo *como*	Las calles de mi ciudad son un laberinto. La aleta de la tortuga es un remo a vapor.
Recursos de sonido	Patrón de sonidos usado para atraer la atención del lector o para enfatizar ciertas partes de una pieza de escritura	truena atronador el trueno

Contesta las preguntas sobre la página 251 de *Patrullaje de tortugas marinas.*

1. ¿Qué metáfora describe cómo se siente Caro cuando corre?

____

2. ¿Qué significa esa metáfora?

____

3. ¿Qué detalles sensoriales describen cómo es el muchacho de la bicicleta?

____

Contesta la pregunta sobre el párrafo 61 de la página 253.

4. ¿Qué detalles sensoriales describen las reacciones cuando la tortuga vuelve al mar?

____

Nombre ______________________________

Hiatos

Lee las palabras de la tabla. Identifica los hiatos y subráyalos.

rodeados	poema	correo	aéreo
días	marea	transeúntes	sonría
videos	policía	canoa	baúl

Completa cada oración con una palabra de la tabla.

1. El avión es un tipo de transporte ____________________.

2. Cuando baja la ____________________, puedes observar muchas criaturas marinas en la playa.

3. Los potros estaban ____________________ por un corral circular.

4. La semana tiene siete ____________________ y un mes puede tener hasta 31.

5. La mayor parte de los ____________________ que iban por la calle ignoraron los gritos de auxilio.

6. Por suerte, un ____________________ presenció el accidente y pudo auxiliarlos de inmediato.

7. Decidimos ver ____________________ de las películas y no ir al festival de cine.

8. Los indígenas norteamericanos solían navegar los ríos en ____________________.

9. El próximo ejercicio de escritura es un ____________________ de dos estrofas.

10. En el antiguo ____________________ del mago estaban todos los secretos de sus trucos.

Nombre ____________________

Vocabulario crítico

Al hablar y escribir, puedes usar las palabras que aprendiste en la lectura.

Usa tu comprensión de las palabras del Vocabulario crítico para apoyar tus respuestas a las siguientes preguntas.

1. Si tuvieras que escribir sobre la energía solar, ¿qué podrías usar como **fuente** de información?

____

____

2. Si alguien dice: "Mi papá es **nativo** de Italia", ¿qué significa?

____

____

Usa las dos palabras del Vocabulario crítico para escribir una oración con cada una. Incluye un sinónimo o un antónimo de la palabra del vocabulario en la oración.

____

____

____

Nombre ____

Características del texto y elementos gráficos

En los textos de no ficción, los autores pueden presentar la información de distintas maneras. Además del texto principal, pueden hacer sobresalir las ideas principales con características del texto y elementos gráficos.

Característica	Lo que es	Propósito
encabezados	tipografía más grande que el resto del texto; puede ser de un color distinto	para mostrar el tema de una sección del texto
leyendas o pies de foto	texto que aparece cerca de una fotografía o de otro tipo de imagen	para explicar más sobre una imagen
gráficas	imágenes que muestran ciertas conexiones entre distintas cantidades	para mostrar cantidades de una manera visual; para mostrar cómo se relaciona una cantidad con un total

Contesta las preguntas sobre las páginas 260 a 263 de *12 árboles amigos*.

1. ¿Cómo usan las autoras los encabezados para organizar el texto?

____

____

____

2. ¿Cómo se relaciona el diagrama de la página 260 con el texto?

____

____

3. ¿Cómo te ayuda el mapa a comprender mejor el texto de la página 261?

____

____

Nombre ______________________________

Sufijos -oso, -osa, -ado, -ada

El sufijo *-oso* u *-osa* significa "abundante en". El sufijo *-ado* o *-ada* significa "cualidad de".

Completa la tabla con palabras que contengan los sufijos *-oso, -osa, -ado, -ada.*

-oso	*-osa*	*-ado*	*-ada*

Elige seis palabras de la tabla y escribe una oración con cada una de ellas.

Nombre ______________________________

Ideas principales y secundarias

Cuando los autores escriben un texto argumentativo, presentan una **afirmación** o idea principal. Piensan quiénes son sus lectores porque quieren que crean su afirmación o que se involucren en el tema. Los autores **apoyan**, o respaldan, su afirmación con razones y otras evidencias que puedan entender sus lectores.

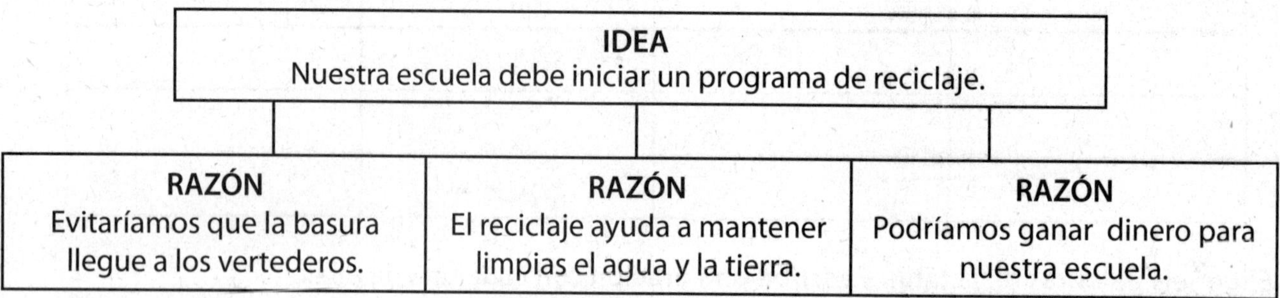

Los autores proporcionan evidencia para mostrar que sus razones tienen sentido. Un **hecho** es una afirmación que es verdadera y puede probarse. Los hechos ayudan a los lectores a entender por qué deberían estar de acuerdo con una afirmación.

Contesta las preguntas sobre las páginas 271, 273 y 274 de *12 árboles amigos*.

1. ¿Qué afirmación hacen las autoras?

____

2. ¿Qué datos o ejemplos usan las autoras para apoyar esa afirmación?

____

____

3. ¿Qué lectores crees que las autoras tenían en mente cuando escribían el texto? ¿Por qué?

____

4. ¿Qué quieren las autoras que recuerdes sobre los árboles y su conservación?

____

5. ¿Cómo se relaciona esta idea con la idea principal de la selección?

____

Nombre ______________________

Diptongos

El **diptongo** es la unión de dos vocales en una sílaba. El diptongo se forma con una vocal débil (*i, u*) y una fuerte (*a, e, o*), o viceversa, o con dos vocales débiles distintas. Las dos vocales débiles siempre forman diptongo (*iu, ui*); es decir, se pronuncian en la misma sílaba: *viu-da, flui-do*. Por lo general, los diptongos se acentúan ortográficamente de acuerdo con la regla general de las palabras agudas, graves, esdrújulas y sobresdrújulas. Si los diptongos formados por una vocal fuerte y una vocal débil llevan tilde, esta se coloca sobre la vocal fuerte: *ac-ción, hués-ped*. Si los diptongos formados por dos vocales débiles llevan tilde, esta se coloca sobre la segunda vocal: *dis-tri-buí, cuí-da-te*.

Divide en sílabas las siguientes palabras y coloca una tilde en las que le corresponda.

1. aunque ______________
2. tradicion ______________
3. piedras ______________
4. autobus ______________
5. bailan ______________
6. reunion ______________
7. aire ______________
8. asteroide ______________
9. graduacion ______________
10. arruinado ______________
11. diez ______________
12. haitiano ______________
13. ciudad ______________
14. aplaudir ______________
15. astronauta ______________
16. aula ______________
17. aullar ______________
18. afeitar ______________
19. peinado ______________
20. deuda ______________

Nombre ______________________________

Vocabulario crítico

Al hablar y escribir, puedes usar las palabras que aprendiste en la lectura.

Usa tu comprensión de las palabras del Vocabulario crítico para apoyar tus respuestas a las siguientes preguntas.

1. Si alguien te preguntara: "¿Quiénes fueron tus **ancestros**?", ¿qué le contestarías?

____

____

2. Si te pidieran dibujar un par de **remolinos**, ¿cómo se verían?

____

____

3. ¿Nadarías en un río que tuviera **corrientes** rápidas? ¿Por qué?

____

____

4. En la reunión algunos **se mofaron** de una persona que decía ser **franca.** ¿Por qué crees que fue así?

____

____

5. Si te pidieran **vislumbrar** el **follaje** de los árboles, ¿cómo se vería?

____

____

Elige dos palabras del Vocabulario crítico y escribe una oración con cada una.

____

____

Nombre ______________________________

Técnica de la autora

La técnica del autor es todo lo que hace un escritor para que su escritura luzca y suene de cierta manera. La voz y las anécdotas son elementos de la técnica del autor.

> Vuelve a leer la página 280 de *Las semillas del cambio* y luego contesta la siguiente pregunta.

1. ¿Cómo usa la autora el lenguaje para apelar a tus sentidos y describir las acciones de una manera vívida?

____

____

____

____

2. ¿Por qué la autora comienza la biografía con esta anécdota sobre Wangari y su madre?

____

____

> Vuelve a leer la página 283 de *Las semillas del cambio.* Contesta la pregunta.

3. ¿De qué manera el uso de símiles que hace la autora te ayuda a comprender que Wangari está concentrada en lo que le enseña su hermano?

____

____

____

> Contesta la pregunta sobre la anécdota de la página 294.

4. ¿Por qué la autora incluye esta anécdota?

____

____

____

Nombre ____________________

Sufijos -nte, -ncia

El sufijo *-nte* significa "que ejecuta la acción o el cargo". El sufijo *-ncia* significa "cualidad o acción de".

Completa la tabla con palabras que contengan el sufijo *-nte* o *-ncia*.

–ente/-ante	*–encia/–ancia*

Escribe una oración para cada palabra de la tabla.

Nombre ______________________________

Elementos literarios

Los elementos literarios son las partes que forman un cuento, como los personajes, el ambiente, la trama y los acontecimientos. Identificar y analizar estos elementos puede ayudarte a entender una biografía.

Vuelve a leer las páginas 280 a 285 de *Las semillas del cambio*. Luego, contesta las preguntas.

1. ¿Sobre quién es esta biografía?

____

____

2. ¿Quiénes son los personajes secundarios que se presentaron hasta ahora?

____

____

Contesta las preguntas sobre las páginas 288 y 289 de *Las semillas del cambio.*

3. ¿Cuál es el ambiente que se muestra en la ilustración?

____

____

4. ¿Qué detalles del texto apoyan tu razonamiento?

____

____

____

____

Nombre ______________________________

Diptongos

Lee las palabras. Identifica los diptongos en cada palabra y subráyalos.

astronauta	haitiano	piedras	graduación
aire	diez	tradición	autobús
peinado	asteroide	deuda	ciudad

Completa cada entrada del diccionario con la palabra correcta de la tabla de arriba.

1. ____________________ *adj.* Nativo de Haití, un país de América

2. ____________________ *f.* Sustancias minerales, por lo general duras y compactas; rocas

3. ____________________ *m.* Número natural que le sigue al nueve

4. ____________________ *m.* Persona que viaja en una nave espacial o que está capacitada para hacerlo

5. ____________________ *m.* Planetoide, o planeta pequeño, del sistema solar

6. ____________________ *m.* Gas que constituye la atmósfera de la Tierra

7. ____________________ *f.* Pueblo grande donde vive mucha gente

8. ____________________ *m.* Forma de arreglarse el cabello

9. ____________________ *f.* Obtención de un grado académico; control o ajuste del grado de algo

10. ____________________ *f.* Conjunto de costumbres que se transmiten de una generación a otra

Nombre ____________________

Estructura del texto

Los autores organizan sus textos de distintas maneras. La estructura del texto que usan depende de lo que escriben. Prestar atención a la estructura del texto puede ayudar al lector a entender mejor y a seguir la información contenida en un texto. Los escritores de biografías suelen usar un orden cronológico para describir los acontecimientos de la vida de una persona, en el mismo orden en que sucedieron.

Vuelve a leer la página 284 de *Las semillas del cambio.* Luego, contesta la pregunta.

1. ¿Qué sucede después de que Wangari comienza a ir a la escuela?

____

____

____

Contesta las preguntas sobre la página 288 de *Las semillas del cambio.*

2. ¿Qué acontecimientos importantes ocurren en la vida de Wangari después de empezar a ir a la escuela en la ciudad? Haz una lista de los acontecimientos en orden secuencial.

____

____

____

3. ¿Por qué la autora incluye todos estos acontecimientos?

____

____

____

Nombre ____

Hiatos y diptongos

Recuerda que el **hiato** es una secuencia de dos vocales que no se pronuncian en la misma sílaba. En cambio, el **diptongo** es la unión de dos vocales que sí se pronuncian en la misma sílaba.

> Lee cada palabra de la tabla. Determina si tiene hiato o diptongo y escríbelo en la columna que corresponda. Coloca una tilde en cualquier palabra que la requiera y escríbela correctamente. Luego, divide cada palabra en sílabas.

Palabra	Hiato	Diptongo	Tilde	División en sílabas
mayoria				
habia				
periodo				
aun				
tenian				
compañia				
seria				
creian				
pais				
decaido				
leian				
freir				
traela				

Nombre ______________________________

Vocabulario crítico

Al hablar y escribir, puedes usar las palabras que aprendiste en la lectura.

Usa tu comprensión de las palabras del Vocabulario crítico para apoyar tus respuestas a las siguientes preguntas. Luego usa las palabras del Vocabulario crítico al comentar tus respuestas con un compañero.

1. ¿Qué solo artículo mejoraría **considerablemente** tu vida?

2. ¿Qué persona te ayudó a **acceder** a una oportunidad que no habías tenido antes?

3. Si pudieras registrar la **patente** de algo, ¿de qué sería?

4. ¿Cuál sería para ti el **apogeo** de tus vacaciones?

5. ¿Qué mensajes te **transmitieron** tus padres el primer día de clases?

6. Si estuvieras en una isla desierta, ¿cuál sería el mejor **hallazgo** que podrías hacer?

Nombre ______________________________

7. ¿Alguna vez tus padres te **plantearon** hacer algo diferente en las vacaciones de verano? ¿Qué fue?

____

____

8. Si quisieras postularte para presidente de la clase, ¿cómo podrías **influir** en los demás para que votaran por ti?

____

____

Escribe oraciones en las que uses dos palabras del Vocabulario crítico.

____

____

Nombre ______________________________

Estructura del texto

La estructura del texto se refiere a la manera en que se organiza la información de un texto. Los autores usan una estructura de comparación/contraste para describir en qué se parecen y diferencian las cosas; una estructura de causa/efecto para mostrar qué ocurrió y por qué; una estructura secuencial para explicar los acontecimientos en orden y una estructura de problema/solución para mostrar un problema y cómo se soluciona.

Contesta las preguntas sobre las páginas 318 y 319 de *La historia de las comunicaciones*.

1. ¿Cuál es la estructura de los párrafos 18 a 22 del texto? ¿Cómo lo sabes?

____

____

2. ¿De qué modo conocer la estructura del texto te ayuda a comprender las ideas principales de los párrafos 18 a 22?

____

____

Elige otra sección del texto *La historia de las comunicaciones*.

3. ¿Cuál es la estructura del texto?

____

4. ¿De qué modo conocer la estructura del texto te ayuda a comprender la idea principal de esta sección?

____

Nombre ______________________________

Hiatos y diptongos

Lee las palabras de la tabla. Encierra en un círculo cualquier palabra con diptongo.

mayoría	aún	compañía	dúo
había	tenían	freír	creído
período	panadería	país	decaído

Completa cada oración con una palabra de la tabla.

1. En esa ______________ hacen unas tortas de albaricoque deliciosas.
2. El ______________ más extenso de las Américas es Canadá.
3. Su vanidad no tiene límite; es un ______________.
4. Para ganar la elección, debe obtener la ______________ de los votos.
5. Mi hermano me va a ______________ unas papitas y luego unos huevos.
6. Esa ______________ cuenta con más de mil empleados.
7. Esa composición para dos voces fue interpretada por un ______________ mexicano.
8. Desde que su equipo perdió la final anda algo ______________.
9. El ______________ de la órbita de la Tierra alrededor del Sol es 365 días.
10. ______________ no nos han traído las hamburguesas que ordenamos hace treinta minutos.

Nombre ______________________

Raíces del latín y el griego: *tele, port, grafía*

La raíz *port* tienen su origen en el latín.
Las raíces *tele* y *grafía* tienen su origen en el griego.
El significado de la raíz *port* es "transportar".
El significado de la raíz *tele* es "a distancia".
El significado de la raíz *grafía* es "escribir".

Completa la tabla con palabras que contengan las raíces *tele, port* o *grafía*.

tele	*port*	*grafía*

Elige tres palabras de la tabla y escribe una oración con cada una.

____

____

____

____

____

____

____

____

____

____

Nombre ______________________________

Idea principal

La idea principal o central de un texto es la idea más importante en la que el autor quiere que el lector se enfoque. El autor apoya la idea principal con detalles.

Contesta las preguntas sobre las páginas 314 y 315 de *La historia de las comunicaciones.*

1. ¿Cuál es la idea principal en la sección "El telégrafo"?

2. ¿Qué detalles del texto apoyan la idea principal?

Contesta la pregunta sobre la página 324 de *La historia de las comunicaciones.*

3. ¿Cuál es la idea principal?

4. ¿Qué detalles usa el autor para apoyar la idea principal en esta página?

Nombre ______________________________

Características del texto y elementos gráficos

Un texto informativo suele incluir **características del texto**, como encabezados y palabras en negrita. Por lo general, un texto informativo también incluye uno o más **elementos gráficos**, como fotografías, diagramas e ilustraciones.

Lee la página 317 de *La historia de las comunicaciones*. Luego, contesta las preguntas.

1. ¿Qué características del texto o elementos gráficos especiales ves en la página 317? ¿Qué información te brinda?

____

____

Lee la página 319 de *La historia de las comunicaciones*. Luego, contesta las preguntas.

2. ¿Cómo se relacionan la fotografía y la leyenda de la página 319 con el texto del párrafo 22? ¿Cómo te ayudan la fotografía y la leyenda a comprender las ideas del texto?

____

____

____

Vuelve a leer la página 320 y contesta las preguntas.

3. ¿Cuál es la relación entre el diagrama de la página 320 y el texto del párrafo 25?

____

____

4. ¿Cómo te ayuda el diagrama a comprender mejor las ideas del texto?

____

____

Nombre ______________________________

Acento ortográfico: Palabras esdrújulas

Las palabras **esdrújulas** son aquellas que se pronuncian con más intensidad en la **antepenúltima sílaba**, es decir, dos sílabas antes de la última. Las palabras esdrújulas siempre llevan tilde o acento ortográfico.

Lee las palabras de la tabla. Todas son palabras esdrújulas, pero ninguna tiene acento ortográfico. Coloca una tilde en cada palabra donde corresponda.

comico	pelicula	economico	telefono
pagina	estabamos	clasico	fantastico
afonico	arboles	maquina	oceano

Completa cada oración con una palabra correctamente escrita de la tabla de arriba.

1. El Pacífico es el ____________________ más grande del mundo.
2. En cada ____________________ del libro había diagramas y gráficas.
3. No pudo cantar en el concurso de talentos porque se quedó ____________________.
4. Mi papá insiste en que debo usar responsablemente el ____________________ celular.
5. Dicen que es muy ____________________, pero a mí no me hacen gracia sus chistes.
6. Es un cuento ____________________ porque los personajes son un dragón y un unicornio.
7. A Rosa no le gustó la ____________________ porque su actor favorito tuvo un rol muy pequeño.
8. Los ____________________ del parque son en su mayoría robles y arces.
9. *Don Quijote de La Mancha* es un libro ____________________ de la literatura española.
10. El carro híbrido es muy ____________________ porque consume poca gasolina.

Nombre ______________________

Vocabulario crítico

Al hablar y escribir, puedes usar las palabras que aprendiste en la lectura.

Usa tu comprensión de las palabras del Vocabulario crítico para apoyar tus respuestas a las siguientes preguntas. Luego usa las palabras del Vocabulario crítico al comentar tus respuestas con un compañero.

1. ¿Qué tipo de cosa se **ocultaba** antes de la fabricación del telescopio? Explica.

2. ¿Crees que los **gestos** son importantes al hablar en público? ¿Por qué?

3. ¿Qué estudian los **lingüistas**?

4. Los humanos tienen el **instinto** de comunicarse. ¿Puedes mencionar algún **instinto** animal?

Escribe una oración en la que uses dos palabras del Vocabulario crítico.

Nombre ________________________________

Estructura del texto

A la manera en que un autor organiza y relaciona las ideas en un texto se le llama **estructura del texto**. Identificar la estructura del texto ayuda al lector a entender las ideas principales del autor. Los autores pueden organizar sus ideas de estas maneras:

Estructura del texto	Lo que hace
causa y efecto	explica qué ocurrió y por qué
problema y solución	describe un problema y su solución
orden cronológico	narra los sucesos en el orden en que ocurrieron

Contesta las preguntas sobre los párrafos 4 y 5 de la página 332 de *Un nuevo lenguaje ¡inventado por los niños!*

1. ¿Qué estructura usa la autora en esta parte del texto?

____

2. ¿Cómo conocer la estructura ayuda a comprender la idea principal de estos párrafos?

____

____

Contesta la pregunta sobre los párrafos 6 a 9 de *Un nuevo lenguaje ¡inventado por los niños!*

3. ¿Cómo usa la autora los acontecimientos cronológicos para apoyar la idea principal?

____

____

____

Vuelve a leer la leyenda de la imagen de la página 334 y contesta la pregunta.

4. Identifica la causa y el efecto en esta leyenda.

____

____

Nombre ______________________________

Acento ortográfico: Palabras esdrújulas

Lee las palabras de la tabla. Todas son palabras esdrújulas, pero ninguna tiene acento ortográfico. Coloca una tilde en cada palabra donde corresponda.

rapido	cantaro	libelula	maquina
atonitos	estabamos	algebra	ortografico
basicas	palido	fisica	celula

Completa cada entrada del diccionario con la palabra esdrújula correctamente escrita de la tabla de arriba.

1. ____________________ *adj.* Descolorido o falto de color, o con color muy leve
2. ____________________ *f.* Aparato o herramienta diseñado para producir o aprovechar la energía
3. ____________________ *m.* Jarrón grande de barro o metal para transportar líquido
4. ____________________ *adj.* Pasmados, asombrados o espantados
5. ____________________ *f.* Insecto volador que se alimenta de mosquitos
6. ____________________ *adj.* Fundamentales o esenciales
7. ____________________ *f.* Unidad microscópica esencial para los seres vivos
8. ____________________ *f.* Rama de las matemáticas inventada por los árabes
9. ____________________ *adj.* Veloz; que se mueve, ocurre o actúa muy deprisa
10. ____________________ *f.* Ciencia que estudia la energía y la materia

Nombre ______________________________

Vocabulario crítico

Al hablar y escribir, puedes usar las palabras que aprendiste en la lectura.

Usa tu comprensión de las palabras del Vocabulario crítico para apoyar tus respuestas a las siguientes preguntas. Luego usa las palabras del Vocabulario crítico al comentar tus respuestas con un compañero.

1. ¿Cómo diseñarías un portafolios que fuera **práctico** y atractivo a la vez?

____

____

2. ¿Cuándo una tarea sencilla puede parecer una **operación** difícil de realizar?

____

____

3. ¿Qué tan importante es para ti que estés vestido o vestida de un modo **inmaculado**?

____

____

Escribe a continuación una oración con dos palabras del Vocabulario crítico.

____

____

____

Nombre ______________________________

Idea principal

Los autores organizan su escritura de modo que a los lectores les resulte fácil entender las ideas más importantes.

- La **idea principal o central** es la idea más importante de un párrafo o de un texto más extenso. Un autor puede plantear directamente la idea principal o puede sugerirla por medio de detalles.
- Los **detalles de apoyo** dicen más sobre la idea principal. Pueden explicar, describir o dar ejemplos que ayudan a apoyar la idea principal. El tipo de detalles que incluye un autor depende de cómo está organizado el texto.

Por ejemplo, si la idea principal de un autor es explicar las causas de un acontecimiento histórico, él o ella podría organizar el texto describiendo cada causa en el orden en que sucedió.

Contesta las preguntas sobre la idea principal y los detalles de apoyo del video *La cena de los delfines.*

1. ¿Cuál es la idea principal de este video?

____

2. ¿Qué dos detalles apoyan esta idea?

____

3. ¿Cuál es la estructura del texto del video y cómo apoya a la idea principal?

____

____

Nombre ____________________

Prefijo *i-*

El prefijo *i-* se coloca al inicio de una palabra que comienza con *l* o *r*, y cambia el significado de la palabra a su opuesto. Si la palabra empieza con la letra *r*, se añade otra *r* después de la *i*.

Completa la tabla con palabras que contengan el prefijo *i-*.

i- con palabras que empiezan con l	*i- con palabras que empiezan con r*

Elige tres palabras de la tabla y escribe una oración con cada una.

Nombre ______________________________

Técnicas de medios

Los métodos que se usan para narrar una historia en video, se llaman **técnicas de medios.** Los productores eligen y combinan distintas técnicas para crear los efectos que cuenten mejor la historia.

Técnica	**Lo que es**
sonido	voces, música y otros efectos sonoros
voz de fondo	voz de un narrador oculto que cuenta la historia
elementos visuales	todos los tipos de imágenes que ven los espectadores
imágenes reales	personas y animales reales que forman parte de la acción
animación	serie de dibujos o modelos que parecen moverse

Cuando veas un video, piensa en las decisiones que tomó el productor y cómo esas decisiones ayudan a los espectadores a sentir y entender las ideas importantes.

Contesta las preguntas sobre las técnicas de medios usadas en *La cena de los delfines.*

1. ¿Qué técnicas de medios se usan en este video?

____

2. ¿De qué manera la música apoya los acontecimientos del video?

____

____

3. ¿Cuál es el propósito de este video y cómo lo apoyan las técnicas de medios?

____

____

____

____

Nombre ________________________________

Acento ortográfico: Palabras sobresdrújulas

Las palabras **sobresdrújulas** son aquellas que se acentúan después de la sílaba anterior a la **antepenúltima**, es decir, en la cuarta o quinta sílaba de derecha a izquierda. Las palabras sobresdrújulas siempre llevan tilde o acento ortográfico.

Lee las palabras de la tabla. Todas son palabras sobresdrújulas, pero ninguna tiene acento ortográfico. Coloca una tilde en cada palabra donde corresponda.

alfabeticamente	echatelo	democraticamente	tragatelo
recibesela	facilmente	digitalizandoselo	diganselo
dibujamelo	quedeselo	entregaselo	ultimamente

Completa cada oración con una palabra escrita correctamente de la tabla de arriba.

1. El presidente de la clase será elegido ____________________ en votación secreta.
2. El maestro de arte me entregó una hoja en blanco, señaló el jarrón de flores y me dijo: ____________________, por favor".
3. Cada mañana, la maestra pasa lista de asistencia ____________________, comenzando por Ana.
4. El obrero señaló un saco a su compañero y le dijo: " ____________________ al hombro, así es más fácil"".
5. ____________________, ha habido mucho tránsito camino a la escuela, por eso debo levantarme más temprano.
6. Cuando mi tío admiró el bolígrafo francés, el gerente le dijo: "____________________, se lo regalo".
7. Los problemas fueron los que estudiamos y, por eso, aprobamos ____________________ el examen.
8. Como su mamá estaba ocupada en la cocina y no podía recibir la caja dirigida al vecino, le gritó a Lidia: "¡ ____________________, por favor!".
9. Puedes ayudarlo a eliminar el archivo de cuentas ____________________.
10. Ella le dijo: "No me hagas más muecas por el jarabe. ¡ ____________________ de una vez!".

Nombre ______________________________

Vocabulario crítico

Al hablar y escribir, puedes usar las palabras que aprendiste en la lectura.

Usa tu comprensión de las palabras del Vocabulario crítico para apoyar tus respuestas a las siguientes preguntas. Luego usa las palabras del Vocabulario crítico al comentar tus respuestas con un compañero.

1. ¿Por qué los detectives **inspeccionaban** con mucho detenimiento el lugar del robo?

____

____

2. ¿Qué tipo de comportamiento esperarías en los cachorros más **vigorosos** de una camada?

____

____

3. ¿Qué podrías inferir sobre una persona que **tartamudeó** al hablar en público?

____

____

4. ¿En qué situación has llegado a estar **expectante**?

____

____

5. ¿Cuándo y por qué tu maestro te **indicó** que debías cambiar tu conducta en clase?

____

____

Escribe una oración en la que uses dos palabras del Vocabulario crítico.

____

____

Nombre ______________________________

Trama

La trama de un cuento la forman sus personajes, el ambiente y los acontecimientos. La trama puede dividirse en secciones llamadas: planteamiento o información del cuento, acción ascendente, clímax o punto de inflexión, acción descendente y resolución.

Usa la página 347 de *La lección de Cooper* para contestar las siguientes preguntas.

1. ¿Cuál es el ambiente del cuento?

____

____

2. ¿Cómo contribuye el ambiente al desarrollo de la trama?

____

____

____

Vuelve a leer la página 352 para contestar la siguiente pregunta.

3. ¿De qué manera contribuye el personaje del señor Yi a la trama?

____

____

____

Nombre ____________________

Prefijos in-, im-

Cuando un **prefijo** se añade al principio de una palabra base, se cambia el significado de la palabra. Los prefijos ***in-*** e ***im-*** pueden implicar negación (*incorrecto, imposible*), pero también pueden significar "adentro" o "al interior".

Completa la tabla con palabras que contengan los prefijos *In-* o *im-*, y que se relacionen con "adentro" o "al interior".

in-	*im-*

Escribe una oración con cada palabra de la tabla.

Nombre ______________________________

Punto de vista

El punto de vista indica quien relata el cuento. Un cuento puede narrarlo un personaje del cuento. Este es el punto de vista en **primera persona**. Si el cuento lo relata un narrador que está fuera de la trama, entonces el punto de vista es en **tercera persona**. El punto de vista que elige un autor para narrar el cuento determina mucho de lo que los lectores conocen sobre los personajes y los acontecimientos del cuento.

Vuelve a leer los párrafos 1 a 5 y luego contesta las siguientes preguntas.

1. ¿Qué punto de vista usa la autora para contar el cuento?

____

2. ¿Cómo sabes que el cuento está escrito en tercera persona?

____

____

Después de leer *La lección de Cooper,* contesta las siguientes preguntas sobre el punto de vista del cuento.

3. Los lectores conocen cómo se sienten y piensan los personajes por medio de los diálogos y a través de los comentarios del narrador. ¿De quiénes son los pensamientos y sentimientos que conocemos por medio del narrador del cuento?

____

4. ¿Cómo logran saber los lectores cómo se sienten el señor Yi y Cooper en el cuento?

____

____

Nombre ________________________________

Acento ortográfico: Palabras sobreesdrújulas

Lee las palabras de la tabla. Todas son palabras sobresdrújulas, pero ninguna tiene acento ortográfico. Coloca una tilde en cada palabra donde corresponda.

d ganselo	ap gamelo	c modamente	s bansela
regal ndoselo	endos ndoselo	taladr ndosela	d ganselo
rompi ndosela	congel ndoselos	entr gaselo	ltimamente

Lee cada oración y presta especial atención a las palabras entre paréntesis. Luego, sustituye esas palabras escribiendo una sola palabra sobreesdrújula en el espacio en blanco.

1. En el nuevo autobús escolar, todos viajamos (con comodidad) ____________________.
2. Como él no estaba enterado del asunto, les pedí a ellos (que se lo dijeran): ____________________, por favor."
3. El entrenador me advirtió que, para poder competir, debía correr (con velocidad) ____________________.
4. Habían planeado preparar unas hamburguesas, pero al llegar a casa, su mamá ya estaba (cocinando para ellos las hamburguesas) ____________________.
5. Si no entrenamos todos los días, (con dificultad) ____________________ podremos ganarle al equipo contrario.
6. Como Jorge no podía alcanzar el pegamento, me pidió (que se lo pasara): "____________________, por favor".
7. Al ver que ese balón no era suyo sino de otro niño, su papá le pidió (que se lo entregara): "____________________, por favor".
8. Cruzar el centro de la ciudad va a ser más rápido porque (en fechas próximas) ____________________ inaugurarán un túnel.
9. Puedes conservar unos pescados para tu tío (poniéndolos al frío para él) ____________________ en el refrigerador.

Nombre ____

Técnica de la autora

La técnica del autor es el lenguaje y los recursos que usa el autor para hacer más interesantes sus cuentos. La técnica del autor también comunica las ideas al lector.

> Vuelve a leer los párrafos 19 a 22 de *La lección de Cooper* para buscar ejemplos de lenguaje figurado.

1. ¿Qué significa cuando el texto dice que a Cooper "se le cayó el alma a los pies"? ¿Qué significa "sentía la lengua pesada y quieta como un pescado muerto"?

____

____

2. ¿Qué le aportan estas frases a la voz de la autora?

____

> Vuelve a leer los párrafos 61 a 68 de *La lección de Cooper*. Luego, contesta las preguntas.

3. ¿Por qué usa esta anécdota la autora?

____

____

4. ¿De qué manera la anécdota ayuda a los lectores a entender mejor los personajes?

____

____

Nombre ______________________________

Homófonos: Usar el contexto para determinar el significado

Los **homófonos** son palabras que se pronuncian igual, pero se escriben de forma diferente y tienen distintos significados.

Elige la palabra correcta para completar cada oración y escríbela en el espacio en blanco. Subraya las claves del contexto que te ayudaron a elegir la palabra correcta.

1. La ______________ tenía tres habitaciones y dos baños.
   caza casa

2. Debes distinguir entre un ______________ y una opinión.
   hecho echo

3. Cada ______________ que repito el proceso, me atasco en el tercer paso.
   ves vez

4. Voy a ______________ un video de la fiesta de cumpleaños.
   gravar grabar

5. Podemos poner las bicicletas arriba en la ______________ del carro.
   baca vaca

6. La palabra ______________ se refiere al hombre o al género masculino.
   barón varón

7. Las estepas son llanuras extensas que cubren un ______________ territorio.
   basto vasto

8. Los ______________ que declaró incluían una casa, un rancho y dos carros.
   vienes bienes

9. Debes ______________ si quieres elegir un representante.
   botar votar

10. ______________ la respuesta es sí, entonces cada equipo recibe un punto.
    sí si

Nombre ____

Homófonos y homógrafos: Usar el contexto para determinar el significado

Las palabras homógrafas se escriben y suenan igual, pero tienen diferente significado. Algunas palabras, aunque no son homófonas ni homógrafas, suelen confundirse con frecuencia por su ortografía casi similar.

Lee las palabras de la tabla. Encierra en un círculo los homófonos. Luego, completa cada oración y subraya las claves del contexto que te ayudaron a elegir la palabra correcta.

porque/por que	sé/se	también/tan bien	dé/de	tubo/tuvo

1. Lucía trabaja y ____________ estudia por las noches.

2. Me preguntaron por qué me fui. ____________ se me hacía tarde, respondí.

3. El agua fluía por un cilindro hueco o ____________ hasta el tanque.

4. No sabré mucho sobre los gatos, pero sí ______ algo sobre los perros.

5. No te puedo entregar el vuelto hasta que no me lo ______ la cajera.

Subraya el homógrafo en cada oración. Empareja cada uno con su significado.

6. Cruzaron el río a nado. — corriente de agua

7. Siempre me río con ganas. — del verbo reír

8. La basura se bota en el cesto. — calzado

9. Mojé una bota en el charco. — del verbo botar

Nombre ______________________________

Reconocer la raíz de las palabras

El **verbo** está formado por una **raíz** y una **desinencia.** La raíz es la parte de la forma verbal que contiene el significado básico del verbo, es decir, es la parte que informa sobre la acción que ocurre. La desinencia es la terminación que se añade a la raíz para construir las distintas formas verbales. Por ejemplo, en el verbo cantar, la raíz es *cant-* y la desinencia es *-ar*.

Lee cada oración de la tabla. Subraya la palabra con una desinencia. Luego, divide la palabra en raíz y desinencia y escribe las partes en la columna que corresponda.

Oración	Raíz	Desinencia
1. Ayer estrené la chaqueta negra en el baile.		
2. Alumbrábamos las calles con farolas durante el carnaval.		
3. Ahora soplaré las velas de la torta de cumpleaños.		
4. Corté el jamón en lascas gruesas.		
5. Cazábamos liebres en la pradera.		
6. Me sentiría mejor con ese remedio para la tos.		
7. Cortábamos el césped con una podadora de grama.		
8. Escalábamos la montaña altísima con sogas.		
9. Columpiaré a la niña en el parque de la esquina.		
10. Esculpiría un busto de papá con ese bloque de mármol.		

Nombre ______________________________

Reconocer la raíz de las palabras

Las desinencias (terminaciones) añaden significados gramaticales, como persona, número y tiempo, que dan una mayor información sobre el verbo y la acción que describe.

Lee las palabras de la tabla. Primero, identifica la persona, el número y el tiempo de cada verbo. Escribe primera, segunda o tercera en la columna titulada Persona. Escribe singular o plural en la columna titulada Número. Escribe presente, pasado o futuro en la columna titulada Tiempo. Luego, divide el verbo en raíz y desinencia, y escribe cada parte en la columna que corresponda.

Verbo	Persona	Número	Tiempo	Raíz	Desinencia
participábamos					
pediría					
sostendré					
pisé					
alinearía					
bajaré					
utilizaría					
escribiré					
solté					
cortábamos					

Nombre ______________________________

Palabras de varias sílabas con afijos

Los **afijos** son conjuntos de letras que se añaden a una palabra y modifican su significado y a veces su valor gramatical. Si el afijo se añade al comienzo de la palabra se llama **prefijo**, si se añade al final se llama **sufijo**.

Lee cada oración. Subraya la palabra que contiene un afijo. Luego, escribe la palabra según corresponda en la tabla de abajo y encierra en un círculo el afijo.

1. La obesidad infantil ha llevado a expertos a desaconsejar el consumo de refrescos.
2. La situación es inaceptable y hay que buscar otra alternativa.
3. No seas impaciente con tu compañero; cada cual tiene su ritmo de aprender.
4. No pudimos cruzar el pantano lodoso en la canoa.
5. La temperatura bajó marcadamente durante la noche.
6. La abreviatura de etcétera es etc.
7. El reinado de Victoria duró sesenta y tres años.
8. Tómalo en serio para que no vayas a malinterpretar sus comentarios.
9. La encuesta preelectoral no acertó en el resultado de la elección.
10. Los países de las Américas han seguido un desarrollo dispar entre sí.

Prefijo	Sufijo

Nombre ________________________________

Palabras de varias sílabas con afijos

Lee las palabras de la tabla. Añade el prefijo *in-*, *im-*, *des-*, *dis-* o *mal-* para formar una palabra con el significado opuesto al de la palabra base y escríbela donde corresponda.

Palabra	Opuesto
componer	
alcanzable	
posible	
aconsejar	
conforme	

Lee cada palabra del recuadro y subraya el afijo que contenga. Luego, escribe la palabra que corresponda con el significado en el espacio en blanco.

cocimiento	aprobación	subacuático	monolito	confiable
firmeza	comestible	teniente	preferencia	suciedad

1. líquido cocido con hierbas ____________________

2. grado militar ____________________

3. polvo, basura, manchas ____________________

4 que se puede confiar ____________________

5. lo que más gusta ____________________

6. debajo del agua ____________________

Nombre ______________________________

Repaso: División en sílabas

Lee las palabras de la tabla. Luego, usa el patrón silábico como pista para dividir en sílabas las palabras. Escribe las palabras divididas en los recuadros en blanco.

CVC/C	V/CV	CV/V	CCV/C	VC/C
colgarlos	aro	lea	probar	árbol
solventar	amo	sea	prócer	alzar

Completa cada oración con una palabra de la tabla. Usa el patrón silábico al final de cada oración como pista. No necesitarás usar todas las palabras de la tabla.

1. El roble es un __________ cuya madera es preciada en la carpintería. (VC/C)

2. Voy a __________ estas deudas cuando venda la casa. (CVC/C)

3. Ese perro es obediente; hace todo lo que le pide su __________. (V/CV)

4. Tengo que __________ la sopa antes de echarle más sal. (CCV/C)

5. Será un experto, pero sea lo que __________, no me fío de sus opiniones. (CV/V)

6. El balón cayó por el medio del __________. (V/CV)

7. En la ceremonia, le rindieron honor como héroe y __________ nacional. (CCV/C)

8. En la plaza mayor del pueblo van a __________ un majestuoso monumento. (VC/C)

9. Hay que medir los cuadros antes de __________ en la galería. (CVC/C)

Nombre ______________________________

Repaso: División en sílabas

Lee las palabras de la tabla. Luego, usa el patrón silábico como pista para dividir en sílabas las palabras. Escribe las palabras divididas en sílabas en los recuadros en blanco.

CVC/C	V/CV	CV/V	CCV/C	VC/C
sensor	ira	feo	cráter	urgir
soldar	era	veo	clóset	urdir

Haz corresponder cada definición con una palabra de la tabla y escríbela en el espacio en blanco. Usa el patrón silábico al final de cada definición como pista. No necesitarás usar todas las palabras de la tabla.

1. ____________: dispositivo que detecta algo (CVC/C)

2. ____________: sin belleza; no atractivo (CV/V)

3. ____________: armario o cuarto para guardar cosas (CCV/C)

4. ____________: unir metales aplicando calor (CVC/C)

5. ____________: rabia; enfado profundo (V/CV)

6. ____________: correr prisa algo; exigir algo a alguien (VC/C)

7. ____________: boca por donde los volcanes echan humo o lava (CCV/C)

8. ____________: periodo de tiempo u época (V/CV)

Nombre ______________________________

Palabras compuestas

Lee las oraciones. Encierra en un círculo la palabra compuesta en cada una. Luego, en el espacio en blanco, escribe las palabras que forman la palabra compuesta.

1. Afilé el lápiz con el sacapuntas. __________; __________
2. El girasol es una planta que termina en una flor amarilla. __________; __________
3. Las patas traseras del saltamontes son largas y fuertes, aptas para saltar. __________; __________
4. La hierbabuena es un tipo de menta. __________; __________
5. Montar en bicicleta es su pasatiempo favorito. __________; __________
6. El montacargas es más lento que el ascensor, pero puede llevar más peso. __________; __________
7. El balompié, o fútbol, es el deporte más popular de Europa. __________; __________
8. El guardacostas detuvo a varias embarcaciones en el litoral. __________; __________
9. Un tocadiscos es un aparato que reproduce sonidos grabados en vinilo. __________; __________
10. Tenemos que comprar un matamoscas porque la casa está invadida. __________; __________

Nombre ______________________________

Palabras compuestas

Lee las palabras de la tabla. Completa cada oración con una palabra compuesta de la tabla. Luego, escribe las dos palabras que forman cada palabra compuesta en el espacio en blanco.

mediodía	pasodoble	pisapapeles	altibajo	compraventa
bienvenida	guardarropa	portaviones	abrelatas	portamonedas

1. La posición del Sol le indicó que era __________.
   __________; __________

2. Vas a necesitar el __________ para abrir esos enlatados.
   __________; __________

3. Cuando llegamos, nos dio una __________ cálida y amable.
   __________; __________

4. El __________ marcaba el paso de los soldados en el desfile.
   __________; __________

5. Entre sus muchas actividades comerciales figuraba la __________ de carros.
   __________; __________

6. En el __________ de mi amiga, había vestidos de conocidos modistas.
   __________; __________

7. El piloto aterrizó en la cubierta del __________. __________; __________

8. Necesitamos un __________ para sujetar ese montón de documentos.
   __________; __________

9. Tuvo un __________ en su carrera antes de lograr el éxito profesional.
   __________; __________

10. No te metas toda esa calderilla en el bolsillo, usa el __________.
    __________; __________

Nombre ______________________________

El acento ortográfico

El acento, o acento prosódico, es la mayor intensidad de la voz que destaca una sílaba respecto a las demás. El acento ortográfico es un signo ortográfico español que se identifica por una tilde. Todas las palabras en español llevan acento, pero no todas llevan acento ortográfico. Las siguientes reglas determinan qué sílaba lleva el acento ortográfico o tilde. Las palabras agudas se acentúan en la última sílaba y llevan tilde si terminan en *vocal, n* o *s*. Las palabras graves se acentúan en la penúltima sílaba y no llevan tilde si terminan en *vocal, n* o *s*. Las palabras esdrújulas se acentúan en la antepenúltima sílaba y todas llevan tilde. Las palabras sobresdrújulas se acentúan en la sílaba anterior a la antepenúltima sílaba y todas llevan tilde.

Lee las palabras de la tabla. A todas les falta el acento ortográfico. Añade la tilde donde corresponda y escribe cada palabra correctamente en el espacio en blanco. Luego, al lado de la palabra, identifica si es aguda, grave, esdrújula o sobresdrújula.

1. cafe	2. duo	3. sandalo	4. avion	5. azucar
6. cesped	7. estacion	8. camaron	9. agitamelo	10. termico

1. ______________ : ______________

2. ______________ : ______________

3. ______________ : ______________

4. ______________ : ______________

5. ______________ : ______________

6. ______________ : ______________

7. ______________ : ______________

8. ______________ : ______________

9. ______________ : ______________

10. ______________ : ______________

Nombre ______________________________

El acento ortográfico

Lee las palabras de la tabla. A todas les falta el acento ortográfico. Añade la tilde donde corresponda y escribe cada palabra correctamente en el espacio en blanco. Luego, al lado de la palabra, identifica si es aguda, grave, esdrújula o sobresdrújula.

1. ambar	2. facilmente	3. anis
4. benefica	5. acentuan	6. Panama

1. ______________ : ______________
2. ______________ : ______________
3. ______________ : ______________
4. ______________ : ______________
5. ______________ : ______________
6. ______________ : ______________

Añade la tilde donde corresponda en las siguientes oraciones y escribe cada palabra correctamente en el espacio en blanco.

1. El tigre se escapo de su recinto. ________
2. Las palabras agudas se acentuan cuando terminan en vocal, *n* o *s*. ________
3. La palabra esdrujula lleva tilde. ________
4. Toda moneda que recibo la guardo en la alcancia. ________
5. El bufalo fue cazado a gran escala en el siglo XIX. ________